KB247343

책 1권 출간하고 알게 된 것들

책 1권 출간하고 알게 된 것들

초판 1쇄 발행 | 2026년 1월 26일

지은이 | 나애정, 김경화, 최정님, 김경부
펴낸이 | 김지연
펴낸곳 | 생각의빛

출판등록 | 2018년 8월 6일 제 406-2018-000094호

ISBN | 979-11-6814-133-9(03190)

원고 투고 | sangkac@nate.com
블로그 | blog.naver.com/sangkac

* 값 18,900원

책 1권 출간하고 알게 된 것들

나애정 · 김경화 · 최정님 · 김경부

생각의빛

1장 나애정 – 평범한 내 삶이 소중하고 귀하다

2장 김경화 – 우울할 땐, 출간한 책 1권이 큰 위안이 된다

3장 최정님 – 써보지도 않았는데 못 쓴다고 하지 마라

4장 김경부 - 특별하지 않은 평범한 나도 책 1권 썼다

1장

평범한 내 삶이 소중하고 귀하다

—

나애정

글 잘 쓴다고 책 쓰는 것은 아니다

"긴 여행 후, 집에서 글 쓰는 맛이 색 다릅니다. 마치 글감 부자가 된 것 같아요. 좋은 하루 보내세요."

"훌라 제자분하고 같이 갔다 오신 거지요? 며칠 여행이셨나요? 어찌하였든, 여행도 좋은 글감입니다. 《글이 되지 않은 삶이란 없다》란 공저를 우리가 출간했듯이, 여행뿐 아니라 우리의 모든 삶은 귀한 글감이니, 그것을 그저 글로 쓰고 책으로 출간해서 다른 사람에게 공유할 수 있습니다. 일상의 삶을 글감으로 보고 글로 쓰는 연습, 응원 드리네요."

아침 단톡방에서 K 작가와 주고받은 대화였다. K 작가는 현재, 4권의 책을 출간했다. 공저 2권, 개인 저서 2권이다. 이제 곧 공저 1권, 필사북 1권, 개인 저서 1권이 더 출간될 예정이다. 그럼, 총 7권의 저자가 된다. 7권 출간도 2년 이내, 아주 짧은 기간에 이루어 냈다. 이런 놀라운 일이 발생할 수 있었던 것은 무엇 때문일까? K 작가는 훌라댄스 강사이다. 현재도 왕성한 강사 활동을 하고 있고 제자들을 키워내고 있다. 현재, 책도 열심히 쓰고 있다. 그야말로 책 쓰는 삶과 훌라 강사의 삶을 병행하고 있다. 이렇게 바쁘게 사는 K 작가가 여러 권의 책을 짧은 기간에 써냈는데, 그 이유는 무엇일지 궁금해질 것이다. 글 쓰는 재능을 타고나서 꼭지 글을 쉽게 쓰고 책도 금방금방 출간해 내는 것으로 생각할 수도 있다. 하지만, 아니다. K 작가가 인생 첫 책을 쓰고 여러 권의 책을 쓸 때까지 나는 함께 했기에 잘 알고 있다. K 작가가 이렇게 많은 책을 단시간 내에 쓸 수 있었던 이유는 따로 있다.

아주 글을 잘 쓰는 예비작가가 간혹 보인다. 그 사람은 태어날 때부터 글을 잘 썼을 것 같은 사람이다. 개인적인 이야기를 들어보면, 혼자서 계속 글을 쓰고 있었던 사람들이 많았다. 교사이면서 글을 쓰고 있는 사람이 있었다. 개인 저서를 혼자 쓰기 위해 꾸준히 글을 썼다고 했다. 공저는 〈책성원〉 작가들과 함께 써냈다. 2권 정도 공저를 썼고, 개인 저서는 혼자서 한다고 해서 나는 개인 저서를 기대하고 있었다. 하지만, 개인 저서 출간 소식은 시간이 지나도 들리지 않았다. 그래서 꾸준히 지켜보고만 있었다. 처음에 그녀는 〈책성원〉 활동을 꾸준히 했다. 〈책성원〉 활동이라고 하면 데일리 미션 수행이다. 데일리 미션으로 1꼭지 자판 필사와 감상 글쓰기이다. 필사와 감상 글쓰기 미션 수행 후에는 단톡방에 연서를 단다. 어느 순간, 데일리 미션의 연서에서도 그 작가의 이름은 찾아볼 수가 없었다. 참석을 안 하더라도 개인적으로 글을 쓰고 있을 수 있지만, 내가 그동안 경험한 바로는 미션 수행을 안 할 경우 글도 열심히 안 쓰거나 못 쓰고 있다고 본다. 아쉽게 생각한다. 글을 쓰면 누구보다 잘할 것 같은 사람이 책 쓰기에는 두각을 드러내지 못한다. 글쓰기와 책 쓰기는 완전히 다른 것이다.

글쓰기 재능이 있다고 책을 쓰는 것은 아니었다. 그 이유는 여러 가지가 있겠지만 대표적인 이유는 자신에 대한 무의식적 과신이다. 본인도 잘 알고 있다. 다른 사람에 비해서 지신의 글이 좋다는 것을. 그렇기에 어쩌면 언제든지 책을 쓸 수 있다고 생각할지 모르겠다. 이것이 착각일 수가 있다. 글을 잘 쓴다고 책을 쓸 수 있는 것은 아니라는 사실을 잘 모른다. 글쓰기와 책 쓰기는 다르기에 이런 현상이 일어난다. 그런데, 보통은 글을 잘 쓰면 책을 쓸 수 있다고 생각한다. 대부분 사람이 다 이런 착각을 한다. 글을 잘 쓰는 사람조차도 다른 사람과 달리 자신은 글 쓰는 것이 좀 나으니, 언제든 마음만 먹으면 책을 쓸 수 있다고 생각하게 된다. 책 쓰기 세계를 잘 몰라서 하는 생각이다. 글쓰기와 책 쓰기가 같다고 생각하는 이런 사고 때문에 글을 잘 쓰는 사람이 오히려 책을 잘 못 쓴다. 내가 인생 첫 책을 쓸 때, 글을 잘 쓰는 사람이 있었는데, 아직 책을 썼다는 소식을 듣지 못했다. 그 사람은 기성작가한테 피드백을 받을 때 항상 공개적인 칭찬을 들었다. 하루는 그 작가의 글을 좀 보여달라고 해서 읽어보았다. 똑같이 시작해서 1꼭지 글을 썼는데, 그 작가의 글은 달랐다. 아직 미숙한 책 쓰기 초보자인 나의 눈에도 그 글은 다른 기성작가의 글처럼 매끄러웠고 감동적이기까지 했다. 그런데, 그 작가는 지금 실제 작가가 되지 못했다. 그 작가의 이름을 여러 번 온라인 서점에서 검색해 보아도 아직 책은 출간되지 않았다. 대체 언제 그 작가의 책을 읽을 수 있을까? 안타까운 마음이다. 글 잘 쓴다고 생각하는 사람은 이런 점을 주의해야 한다. 글 잘 쓴다고 책 쓰는 것이 아님을 마음에 간직해야 한다.

K 작가는 하루도 빠짐없이 거의 매일, 자판 필사와 감상 글을 썼다. 자판 필사를 매일 하는 것은 글 쓰는 몸을 만드는데, 탁월한 효과가 있음을 K 작가도 역시 깨달았다고 한다. 자판으로 필사하면서 자

연스럽게 손가락 단련, 몸 단련, 마음 단련된다. 그것은 글쓰기가 점점 내 몸에 잘 맞는 옷처럼 어색하지 않고 편안해지는 것이다. 한 1주일만 자판 필사를 해보면 자판 필사의 가치를 깨닫는다. K 작가 역시, 그런 깨달음을 갖게 된 이후부터 자판 필사가 책 쓰기의 비법임을 깨닫고 매일 했을 것이다. 그리고 감상 글쓰기. 자신의 마음을 말이 아닌 글로 표현하는 것, 역시 하루도 빠짐없이 했다. 사실, 뭔가를 꾸준히 하는 방법으로 매일 하는 것이 가장 쉽다. 건너뛰어서 하는 순간, 다음날, 더 하기 싫어진다. 운동처럼 필사와 감상 글쓰기도 마찬가지이다. 그래서 영혼 없이 하더라도 매일 빠짐없이 하는 것이 가장 쉬워지고 나중에는 어떤 상황에서든 데일리 미션을 하면서 자신도 모르게 글쓰기 실력이 좋아진다. 한마디로 책 쓰기의 내공이 쌓이게 되는 것이다. K 작가는 그것을 파악하고 그런 시간을 꾸준히 가졌을 것이다.

성실하고 꾸준히 쓰면 결국, 원하는 대로 여러 권의 책을 출간한다. 이것은 K 작가가 단시간 내에 여러 권의 책을 출간할 수 있었던 이유이기도 하다. 책을 쓰고자 하는 사람이 가장 잘못 생각하는 것이 책을 쓰려면 처음부터 글을 잘 써야 한다는 것이다. 쉽게 말해서 글쓰기가 타고난 재능이어야 한다는 것이다. 이런 고정 관념은 일반사람들에게 글 쓸 기회조차 뺏어 버리고 책을 쓸 생각 자체도 못하게 했다. 책 쓰기의 가치가 인생에서 어마어마한데, 그 가치를 얻지 못하는 것이 얼마나 안타까운 일인지 모르겠다. 생각을 바꿔야 한다. 이와 같은 고정 관념을 가지고 있다면, 생각부터 바꿔야 한다. 타고난 재능이 없더라도 연습을 통해 글 쓰는 실력이 점점 좋아져 출간까지 할 수 있다. 글쓰기도 하나의 기능일 뿐이다. 말하기 연습을 통해서 말하기 실력이 점점 좋아지는 것처럼 글쓰기도 마찬가지이다.

책 1권 써보니 이제는 확실히 말할 수 있다. 글 잘 쓴다고 책 쓰는 것 아니고 글 못 쓴다고 책 못 쓰는 것도 아니라는 사실을. 내 주변에는 다른 사람보다 글을 잘 쓰지만, 출간은 못 하는 사람이 많다. 또한 생각 외로 글쓰기와 담을 쌓고 살아왔고, 글쓰기가 너무나 어색했지만, 필사와 감상 글쓰기를 꾸준히 하면서 글쓰기 실력을 쌓고 원하는 책까지 써내는 사람도 생각 외로 많다. 〈책성원〉에 있는 대부분 작가가 아마도 후자 쪽이지 않을까 싶다. 선배 작가들이 책을 써내는 것을 보고 용기를 얻어 글쓰기 연습을 꾸준히 해서 결국에는 선배 작가처럼 자신의 이름이 적힌 책을 출간한다. 주변에 작가들이 많으면 작가의 반열에 더 수월하게 올라간다. 그런 과정을 자연스럽게 느낀다. 그래서 어떤 사람을 만나며 어떤 모임에 내가 소속되어 있는지가 내 삶에 결정적인 영향을 미친다고 말할 수 있겠다. 다행스럽게도 책을 쓰고 싶다는 욕구가 있다면 그런 사람들과 만나서 그 사람이 어떻게 하는지 자세히 관찰하고 나도 그 사람처럼 따라서 하면 된다. 필사하는 행위는 작가가 어떻게 글을 쓰는지 매일 벤치마킹하는 것과 같다. 책 쓰기를 어떻게 할 수 있는지, 모임에서 벤치마킹을 할 수 있다. 그렇게 나도 모르게 나는 글 쓰는 사람, 점점 글쓰기가 편해지는 사람이 되어서 책을 쓰는 것이 전혀, 어색하지 않게 될 것이다. 글 잘 쓴다고 자만하지도 말고 글 못 쓴다고 주눅 들지도 말자. 연습을 통해서 글쓰기 실력을 키워 책 쓰기도 도전해 보길 바란다.

책은 결단을 내린 사람이 쓴다

"나는 결정장애자 인가?"

이런 의심이 들 때가 있다. 하지만, 책 쓰기 할 때는 단호히 결단을
내리고 시작해야 한다. 결단이 없으면 책 쓰기 시작도 못 한다. 책을
쓰고 싶지만, 책을 쓰지 못하는 사람들의 특징 중의 하나가 결단을 내
리지 못한다는 것이다. 사실 요즘, "결정장애"란 단어가 유행할 정도
로 결정 내리기를 어려워하는 사람들이 많다. 그것이 사회적 분위기
인 듯 보인다. 여러 가지 고려해야 하고 마음에 걸리는 변수들이 많기
에 섣불리 결단을 내리지 못한다. 하지만, 스스로 극복해야 한다. 가

치 있다고 생각하는 것은 빠른 결단이 내 삶에 있어서 이득이다. 이 사실 하나만 기억한다면 결정장애의 문제는 해결될 것이라고 본다. 책 쓰기 커뮤니티 모임에서도 보면, 결정을 잘 내리는 사람과 결정 내리기를 주저하는 사람들의 차이가 매우 크다는 사실을 발견한다. 앞에서 K 작가 이야기를 잠깐 했지만, 그 작가의 경우에는 결단력이 아주 돋보인다. 무엇을 하든지, 빠르게 결정하고 가치 있는 그 일을 시작한다.

"작가님, 저, 개인 저서 쓰고 싶어요. 도와주세요!"

마음의 결정을 하고 아주 명확하게 이야기한다. 군더더기 없는 말에 나 또한 동화되어 다른 말을 할 수가 없다. "네, 최선을 다해서 함께 책 쓰기 해보아요."라는 말이 나도 모르게 흘러나왔다. 말하는 것에도 에너지가 느껴진다. 말이 액면 그대로의 내용만을 표현하는 것은 아니다. 말하는 사람의 마음이 에너지가 되어 나의 마음에 전달된다. 목소리의 톤, 사용하는 단어, 말의 길이, 이런 모든 것들이 에너지가 되어 직접적으로 상대방에게 전달된다. 결단력이 있는 사람은 단호하고 명확한 마음을 주변 사람에게 전달한다. 그래서 결단력 있는 사람들이 주변 환경도 긍정적으로 만든다고 나는 생각한다. K 작가는 결단력 있는 책 쓰기로 2년 만에 7권 이상의 책을 출간했다. 곰곰이 생각해 보면, K 작가는 결단력이 있었기 때문에 현재, 여러 권의 책을 출간했고 주변 동료까지 책 쓰고 삶을 변화시키도록 동기부여하고 있다. 그런, 반면에 책 1권 출간 후에 책 쓰기를 주저하는 사람도 있다. 여러 가지 이유가 있겠지만, 이런 주저하는 마음이 생겨나면 책 쓰는 삶에 부정적인 영향을 미칠 수가 있다. 완전히 책 쓰기를 혼자 할 수 있는 상황이 아니라면 멘토의 도움을 받아서 홀로 서기할 때까지 열심히 쓰는 것이 답이라고 말하고 싶다.

현재시간 : 07:20

〈오늘 아침 할 일〉

1. 보건교사 1정 연수 강의 구상하기 07:20~08:20 (　)

2. 공저 꼭지 글 1 쓰기, 1시간 쓰기 도전! 08:30~09:30 (　)

3. 공저 꼭지 글 2 쓰기, 1시간 쓰기 도전! 09:40~10:40 (　)

계획이 나의 결단력에 추진력을 더한다. 메모하고 시작하면 나도 모르게 메모한 계획을 실천하기 위해 단호해진다. 위의 내용은 오늘 아침, 내가 세운 실천 계획이다. 나는 아침마다 간단히 실천 계획을 세운다. 무엇을 해야 하는지 적고 주말 작업을 시작한다. 적으면, 하루 중 가장 중요한 일들을 명료화할 수 있고, 적은 만큼 그것을 실천할 수 있어서 알찬 주말을 보낼 수 있다. 보건교사 1정 연수 강의 준비, 나에게 반가운 소식이다. 재작년에 한 번 강의했었는데, 이번에도 강의 요청이 왔다. '보건교사에게 글쓰기, 책 쓰기는 아직 이른가?' 하는 생각도 해봤다. 보건교사이기 때문에 더욱 글을 써야 한다고 강조해도 보건교사의 마음이 아직 그 사실을 받아들이지 못한다면 거부감이 생길 수 있다. 그래도 글쓰기를 강조해야 한다는 생각이 들었다. "직업군 중에서 글쓰기 역량이 가장 필요한 직업이 바로 보건교사라고 저는 생각합니다. 그 이유는 예방 교육도 이제 글로 해야 하고, 학교의 전 교직원의 협조 요청도 말보다는 글이기 때문입니다. 글은 부담을 덜 느끼도록 해서 아주 효과적입니다. 그리고 글이기 때문에 휘발되지 않아, 언제든 재확인이 가능합니다. 보건교사는 전 교직원과 함께 학교의 건강을 그렇게 지켜 나가야 합니다. 예방 교육은 이제, 말이 아니라 글쓰기로 해야 더 효과적이란 점, 강조하고 싶습니다." 라고 말했었다. 이번에도 다시 보건교사 1정 연수 기수에게 이런 내 생각과 메시지를 전달할 수 있어서 감사하게 생각한다. 앞으로 1달 남은 강의 날짜까지 매일 조금씩 강의 준비를 할 예정이다. 매일 조금씩 긴 시간 투자하는 것이 가장 체화를 잘 시키는 방법이기에 나에게 1정 연수받는 3~4년 차 보건교사에게도 중요한 강의인 만큼, 알차게 준비해 보려 한다. 지금 공저를 쓰는 기간이기 때문에 빠르게 공저를 쓰고 내 개인 저서를 쓰려고 한다. 그래서 특히, 주말 아침 경우에는 2꼭지 쓰기를 도전한다. 그것도 1시간 동안 써내기 도전을 해보는데, 사실, 1시간 동안 A4 2장 1꼭지 쓰기는 불가능하다. 그 사실을 알고 있지만, 그럼에도 "도전!!"이란 딱지를 붙이면 잠재 능력을 발휘해서 성공할 수도 있다. 그렇게 나는 매일, 1꼭지 쓰는 삶을 살아간다.

책도 결단을 내린 사람이 출간할 수 있다. 그 이유는 누구나 이해할 것이다. 아무리 사소한 일이라도 마음의 결심이 필요하다. 예를 들어, 외식할 때도 식당을 정해야 하는데, 고기도 먹고 싶고 칼국수도 먹고 싶다면 어떻게 하겠는가? 이럴 때 고깃집이면서 칼국수도 먹을 수 있는 곳을 가면 가장 좋겠지만, 집 근처에는 그렇게 두 메뉴를 같이 먹을 수 있는 곳이 없다고 치자. 그럴 때 꼭 2가지를 다 만족하는 식사를 하려면 먼 식당까지 운전해서 가야한다. 멀리까지 갈 것인가? 아니면 고기와 칼국수 중, 하나를 포기할 것인가? 결단이 필요하다. 결정을 못 하고 우왕좌왕하면 길거리에서 시간만 버리게 된다. 어떤 일이든지 결단을 내려야 한다. 책 쓰기도 마찬가지로 결단이 필요하다. 식당을 정하는 일보다는 더 어려운 결단이겠지만, 결단을 내려야 한다. 쉽지 않더라도 할 수 있다는 생각으로 책 쓰기 결단을 내리면 모든 것이 바뀐다. 결국, 책 쓰기는 남의 일이 아니라 내일이 되어 간다. 책 쓰기 결단으로 인해 내 마음과 삶이 변화되어 가는데, 변화 되는 것들을 구체적으로 정리해 보면 다음과 같다.

첫째, 책 쓰기, 더 이상 미루지 않는다.

그동안 결단을 못 내렸기 때문에 책 쓰기는 항상 후 순위이었다. 결단을 내리면 더 이상 후 순위가 아니라 선 순위가 된다. 미루지 않 는다. 결단이 정말 중요하다는 것을 결단을 내린 이후에 깨닫게 된다. 모든 업적은 내 마음의 결단으로부터 시작인 것이다.

둘째, 어떻게 하면 책 쓰기를 할 수 있을지 그 방법을 찾는다.

책 쓰기도 비법이 있다. 글쓰기를 타고 나서, 글쓰기를 잘 해서 책 쓰기 할 수 있는 것은 아니란 사실을 이제는 알 것이다. 글쓰기 따로, 책 쓰기 따로이다. 책 쓰기, 이제 방법을 제대로 알면 된다. 그래서 책 쓰기를 하기로 결단을 내렸다면 그 방법이 궁금해질 것이다. 모든 신 경은 채 쓰는 방법을 찾는데 작동된다. 주의 집중하는 책 쓰기가 내 삶이 되는 것은 시간문제이다.

셋째, 방법을 알고, 내 일상을 다시 세팅한다.

책 쓰기 방법 중에서 가장 기본은 자판 필사이다. 자판 필사를 나의 일상 중에 끼워 넣는다. 새벽에도 해보고 밤늦게도 필사 해본다. '그래도 나는 새벽 필사가 제일 좋아.'하는 마음이 생기면, 새벽 시간이 나의 필사 시간이 되는 것이다. 그렇게 글 쓰는 몸을 만들고 글쓰기가 만만해지면서 책 쓰기를 과감히 시작하게 된다.

넷째, 책 쓰기를 중심으로 일상이 바뀌면 내 삶은 책 쓰는 방향으로 흘러간다.

집안 행사가 있더라도 자판 필사를 놓치지 않는다. 인스타그램 감상 글쓰기도 하던 대로 한다. 책 쓰지 못할 상황은 없다는 것을 그렇게 함으로써 깨닫는다. 책 쓰기, 결단을 못 내려서 못한 것이지 책 쓸 환경이 못 되어서 못한 것이 아니라는 사실을 알아챈다. 이제 책 출간할 일만 남았다.

다섯째, 생각 외로 빠른 시간에 출간의 꿈을 이루고 놀라게 된다.

나는 인생 첫 책 《하루 한 권 독서법》을 2달 만에 초고를 완성했다. 퇴고하고 출간까지 4~5개월 걸렸다. 정말 빨랐다. 지금 생각해도 신기하다. 처음 책을 써보는 사람이 그렇게 빠른 시간에 책을 쓸 수 있다니! 그때를 생각하면, '세상에는 못할 일은 없다.'라고 생각하게 된다. 그렇게 빠르게 쓴 책도 지금까지 읽히고 있다. 주제가 '독서법'

이라서 그럴 수 있겠지만, 아무리 주제가 좋다고 해도 독자로서 얻을 것이 없다면 외면당하는 책이 되는 것이다. 인생 첫 책 쓰기 빠른 성공도 내가 책을 쓰고 말겠다는 강한 결단이 있었기 때문에 가능했다.

책을 쓰고 싶다면 내가 책을 쓰겠다는 결단부터 내리길 바란다. 결단을 하지 않으면 시작할 수가 없다. 시작이 반이란 말이 있다. 시작의 가치는 매우 크고 중요한데, 그 시작이 마음의 결단으로부터 나온다는 사실이다. 주저주저하는 마음, 또한 결단하지 않았기 때문에 그런 혼란스러운 마음에서 헤어 나오지를 못한다. "책은 쓰고 싶은데, 내가 너무 바쁠 것 같다. 책은 쓰고 싶은데, 무슨 일이 생길 것 같다. 시어머님이 오신다고 했다. 이제 곧 새로운 사업을 하려고 한다. 책 쓰기가 방해 요소가 되면 안 될 것 같다. 기타 등등 책을 못 쓸 이유가 수도 없이 많다. 어떡하든, 시작하지 않으려 변명거리를 찾는데 소중한 두뇌를 사용한다. 두뇌의 사용처가 내가 가치 있는 책 쓰기를 하지 않으려는데 집중하고 있는 것이다. 이것은 결단을 했느냐? 안 했느냐? 의 차이이다. 책 쓰기를 하고 싶다면 깊이 생각하지 말기를 바란다. 내가 지금 처한 환경도 생각하지 말고 그냥 순수하게 책을 쓰겠다고 그것에 집중하고 결단을 내리면, 또 방법을 찾아서 하게 마련이다. 그렇게 책 쓰기를 시작할 수 있다. 책을 써봄으로써 의미 있고 가치 있게 한 해를 보낼 수 있다. 그 가치 있는 한해가 씨앗이 되어 더 가치 있게 내 삶을 만들 것이다. 책을 쓰고자 하는 모든 사람에게, 결단을 내리면 책 쓰기 방법을 찾게 된다고 강조하고 싶다. 미루지도 않고 책 쓰기를 1순위로 두고 내 삶을 세팅해야 한다는 점 다시 강조한다. 책 쓰기, 응원한다. 책 한 권 쓰고 나면, 결단을 내리고 책을 쓴 것을 내 인생 최고로 잘한 일이라고 생각하게 될 것이다.

책 쓰기, 남의 일이 아니라 내 일이었다

외출했다가 집에 오니, 택배 2박스가 현관문 앞에 배달되어 있다. "드디어 도착했구나!" 기쁜 마음으로 박스를 집안으로 옮기고 단단히 묶여 있던 플라스틱 끈을 잘랐다. 그리고 박스를 개봉했다. 내가 마음에 들어 했던 책 표지에는 《글 쓰는 보건교사》란 제목이 커다랗게 보였다. 이번에 출간한 따끈따끈한 책이다. 《글 쓰는 보건교사》, 제목도 마음에 든다. 이 제목을 정하면서 참 많이도 고민했었다. 보건교사란 직업은 생각 외로 글을 많이 쓰는 직업이다. 나는 책을 쓰기 전까지 그 사실을 인지하지 못했다. 보건 업무를 하면서 글쓰기를 어쩔 수 없이 했던 경우가 많았다. 가급적 글을 쓰지 않으려고 했다. 메시지 글을 잘 못 쓰면 득달같이 전화벨이 울렸다. "선생님, 메시지 글이 이해가 잘 안되어 전화를 드렸습니다. 담임교사가 협조해야 할 부분이 어떤 건지 설명 부탁드려요?" 메시지를 보내자마자 그 글을 읽은 일반교사가 전화해서 질문하면 당황이 된다. 죄를 지은 것도 아닌데, 말을 명확하게 하지 못했었던 기억이 난다. 메시지 글도 글이다. 명확하게 전달할 수 있도록 쉽게 이해할 수 있도록 글을 써야 한다. 메시지 글이 비록, 한 문단 정도의 분량이지만, 그 글을 쓸 때도 서론-본론-결론의 형식에 맞추어서 써야 한다. 글의 기본 형식은 긴 글이든 짧은 글이든 같은 것이다. 그래서 책 제목을 "보건교사도 글쓰기 역량을 키워야 한다." 혹은 "보건교사, 글쓰기가 만만할 때!!" 기타 등등, 글을 쓰지 않는 보건교사도 호감 가질 제목으로 할까? 고민했었다. "글 쓰는 보건교사"라고 제목을 정하면, 글 쓰는 보건교사만이 읽어야 하나? 생각할 수 있고 글 쓰기를 좋아하는 보건교사만 관심을 가질 것 같은 생각이 들어서 망설였지만, 그래도 모든 보건교사가 글을 쓰는 능력을 키워 글 쓰는 보건교사가 되기를 바라는 마음으로 "글 쓰는 보건교사"로 제목을 정하게 되었다. 이제, 나는 제목까지도 고심하는 글 쓰는 사람이 되었다. 출간한 책 택배를 받고도 지극히 평범했던 내가 이렇게 변화한 것이 신기할 뿐이다.

책 쓰기, 누구나 할 수 있는 일이다. 성공한 사람이나 전문가의 전유물이 출간이 아니다. 책 쓰는 방법을 배우고 몸에 익히면, 요구되는 시간을 연습하고 다른 사람처럼 책 쓰기에 도전할 수가 있다. 한 권, 두 권 출간하면서 책 쓰기의 방법이 나에게 익숙해지고, 책 쓰기는 나의 일상이 되어 간다. 책 쓰기로 삶이 바뀌고 세상을 바라보는 관점이 변화되어 간다. 책 쓰기를 내 인생에서 멀리 치우지 말고 나도 할 수 있다는 여지를 마음에 두어야겠다.

예비 작가들에게 그동안 책을 쓰지 못한 이유를 들어볼 기회가 있었다. 지금은 책 쓰기를 도전 중이지만, 멘토를 만나기 전까지 자신은 책을 쓸 수 있다는 생각 자체를 하지 못했다고 한다. 자기 계발을 위해서 할 수 있는 최고의 방법은 오로지 책 읽기뿐이라고 여기며 살았다고 말했다. 막상 책을 써보니, 서서히 성장하는 자신을 느끼게 되었고 책 읽기보다 책 쓰기가 훨씬 성장을 보장한다는 확신을 가지게 되었다고 한다. 멘토를 만나기 전까지, 책 쓰기 근처에도 가지 않았었는데, 그래도 운 좋게 멘토를 만나면서 자신의 잘못된 고정관념을 고치게 되었다고도 말했다.

책 쓰기는 혼자서 시작하기에 너무나 낯설고 벅차게 느껴지는 세상이다. 멘토를 통해서 자신의 책 쓰기에 대한 고정관념을 인지하고 새로운 생각들로 삶에 유익한 책 쓰기를 도전할 기회를 가져볼 것을 권한다. 요즘 시대는 그야말로 책 쓰기에 편한 플랫폼의 시대이다. 조금만 노력한다면 책 쓰기를 통해 삶의 혁신을 이룰 수 있다. 성장은 머리로만 생각하고 행동하지 않는다면 나에게 찾아오지 않는다. 어렵게 느껴지지만 그래도 극복하지 못할 일은 없다는 전제하에 책 쓰기도 도전해 보면 될 것이다.

그렇다면, 보통, 책 쓰기를 남의 일로 생각하는 사고의 근원은 무엇일까? 한번 생각해 보고자 한다. 나 자신을 한번 돌이켜 보자. 책 쓰기에 대해서 생각할 때, 책 쓰기가 왜 내 일처럼 느껴지지 않는지 눈을 감고 자신의 마음을 들여다보길 권한다. 그리고, 아래 여러 이유 중에서 어디에 속하는지 점검해 보길 바란다. 책을 쓰고 싶지만, 실천하지 못하는 것은 바로 그 이유 때문일 것이다. 이유를 명확히 알 때, 우리의 변화는 시작된다. 책 쓰기가 내 일이 아니라 남의 일이라고 느끼는 이유는 다음과 같다.

첫째, 책은 평범한 사람이 아니라 특별한 사람이 쓰는 것이라고 여긴다.

책 쓰기에 관한 강력한 고정관념 중의 하나는 특별한 사람만이 책을 쓴다는 사고이다. 그동안 쭉 그런 사람들이 책을 써왔기 때문일 것이다. 성공했거나 아니면 아주 부자이거나 혹은 전문가이거나, 이런 사람들이 책을 출간해 왔다. 하지만 이제는 모든 사람이 다 자신만의 고유한 삶을 살고 있고 그 이야기를 써낼 수 있는 특별한 사람이라고 판단한다. 일반적인 사람이 바로 개개인의 개성을 가진 특별한 사람이 된 것이다. 누구나 이제, 세상 유일한 자신만의 특별한 삶을 책으로 써낼 수 있다.

둘째, 책 쓰기의 세계를 잘 모른다.

책 쓰기의 세계가 있다. 책 쓰기를 해보지 않았고 잘 모르기 때문에 책 쓰기를 가까이 하지 않으려 했고 내일이 아니라 남의 일이라고 여겼다. 만약, 주변에 책 쓰는 작가가 1명이라도 있다면, 그나마 책 쓰기 세상을 낯설게는 생각하지 않았을 것이다. 책 쓰는 사람이 주변에 없다면 그런 사람과 소통할 통로를 찾아 나서야 한다. 그래야 책 쓰기 세계와 익숙해지고 점점 그 세계와 친숙해진 만큼, 나도 그 세계의 사람처럼 된다.

셋째, 책 쓰기가 평범한 사람의 삶을 바꿀 수 있다는 것을 모른다.

누군가는 말했다. 책을 썼기 때문에 평범한 삶에서 특별한 삶으로 옮겨갔다고. 사실, 누구나 고유의 특별한 삶을 살고 있지만, 책을 쓰면, 표면적으로도 특별한 작가의 삶을 살게 된다는 의미이다. 평범한 듯하지만, 결코, 평범하지 않은 모습과 내면을 소유하게 되는 것이 책

을 쓰는 삶이다. 점점 책 쓰기에 특화된 내면을 가지게 됨으로써 내,
외부가 다 변화되는 사람이 되어 간다. 과거로부터 변화되어 삶도 덩
달아 바뀌어 갈 수밖에 없다.

넷째, 글을 매끄럽게 잘 쓰지 못하더라도 책 쓰기가 가능하다는 사
실을 잘 모른다.

글을 잘 쓴다고 책을 쓰는 것이 아니다. 그런데 사람들은 글을 잘
쓰기만 하면 책 1권을 출간할 수 있다고 생각한다. 완전히 잘못된 생
각이다. 책은 글을 잘 쓰기 때문에 쓰는 것이 아니라 책을 쓰고자 결
심했기 때문에 써내는 것이다. 책 쓰기에 대한 간절함과 열정만 있으
면 얼마든지 자기 경험과 메시지를 써낼 수 있다. 이런 생각을 가지
는 자체가 책 쓰기의 기본적인 자세이다. 기본적 자세를 잘 갖춘다면
50% 달성이다. 책 쓰기도 문제없다.

책 1권 쓰고 난 후, 알게 되는 사실들은 여러 가지이다. 그중에 가
장 기본적으로 느끼게 되는 것은 책 쓰기가 먼 나라의 일이 아니라는
것이다. 나 자신에게 충분히 일어날 수 있는 일이라는 사실을 깨닫게
된다. 그러므로 그나마 지금이라도 쓰게 되어서 천만다행이란 생각
도 하게 된다. 그동안, '왜 나는 책 쓸 생각을 못 했는지?' 다시 한번 돌

아본다. 우린, 철저히 남의 생각으로 살아왔다는 사실을 출간 이후에 뼈저리게 느낀다. 내가 책을 쓰고 싶다면, 그냥 쓰면 된다. 방법을 조금 배우고 그것을 몸에 익혀 꾸준히 쓰면서 내 삶을 책으로 엮어내면 되는 것이었다. 책 쓰기를 하나의 큰 산처럼 여기고 도저히 오르지 못한다고 한계를 짓고 살았다. 그렇게 살아온 세월을 후회하게 될 것이다. 책 쓰기만큼 매일 성장하고 힐링하는 것도 없다는 깨달음을 얻게 된다. 다른 사람과의 대화를 통해서도 성장하지만, 자신과의 대화로 더 크게 성장한다. 남과의 대화만큼이나 자기 자신과의 대화가 중요했는데, 우린 그것을 잘 몰랐다. 자신과의 대화 방식이 바로 책 쓰기이다. 책을 써볼 때, 진정, 대화의 깊은맛을 느끼게 된다. 제대로 글을 쓰는 것이 바로 책 쓰기이기 때문일 것이다. 지금도 늦지 않았다. 평범한 듯하지만, 사실은 특별한 내 삶을 그냥 써 내려가면 책이 된다는 사실을 인지하고 책 쓰기에 도전장을 던져보시길 응원한다.

자판 필사의 힘, 시간이 지날수록 깨닫는다

가끔 나는 내 인생 첫 책 쓸 때를 회상한다.

"1꼭지 글을 어떻게 써낼까? A4 2장 반 너무 길다. 대단해, 이렇게 긴 글은 타고난 재능이 있어야 쓸 수 있나?"

나는 삶이 가장 힘들다고 느낄 때, 힘듦을 극복하기 위해 책 쓰기를 도전했었다. 시련을 더 극한 시련으로 극복해 보려는 의도였다. 한마디로 살기 위해 도전한 것이 바로 책 쓰기였다. 늦은 결혼으로 아이들은 어렸다. 42세에 첫째 아이를 얻었고 거의 1살 차이 나는 아이 둘을 혼자서 키우면서 점점 소진되어 갔다. 직장으로 인해 남편과는 주말부부를 하고 있었다. 나중에는 한 달 부부까지 했다. 아이 둘이 어려서 부부가 힘을 합해도 키우기 힘들다는 시기에 혼자서 아이 둘을 양육해야 했다. 그것도 직장을 다니면서였다. 모든 일은 가정에서부터 시작이란 말이 맞다. 가정이 편안해야 직장생활도 편안해진다. 오히려 퇴근할 때가 본격적인 육아의 시작이었던 그 당시 나는 퇴근한 후의 삶이 더 고되었다. 결국, 그 여파가 직장에까지 미쳤다. 일도 꼬이고 사람 관계도 꼬인다는 생각을 그때 처음으로 했다. '세상 살기가 왜 이렇게 힘든 것인가?'라며 우울감이 생겼다. 사람은 환경의 동물이 맞다. 힘든 상황에서는 별생각을 다 하게 되고, 잘못된 판단으로 급기야 원치 않는 삶으로 흘러갈 수도 있다. 이럴 때, 누군가는 "뭐가 씐 거야!"라는 표현을 쓴다. 그래도 나는 다행스럽게, 그런 부정적인 상황으로 흘러가진 않았다. 그 힘든 시기를 "이열치열" 뭔가 그동안 해보지 않은 가장 힘든 일을 선택해서 해보기로 했다. 그것이 바로 책 쓰기 도전이었다. 그렇게 책 쓰기를 통해 힘든 시기를 무사히 통과하게 되었다. 나에게 오뚜기 같은 기질이 있음을 지금 곰곰이 생각해 봐도 알 수 있다. 그 오뚜기 기질이 나를 책을 써보겠다고 다짐하게 했고 고난의 시기를 결국 책 쓰기를 통해서 극복하고 나는 새로운 삶을 살게 되었다.

책 쓰기는 쉽지 않지만 자판 필사를 우연히 시작하면서 해결점을 찾았다. '책 쓰기, 이것을 어떻게 극복할 수 있을까? 최소 중간쯤이라도 가봐야 하지 않을까?' 하는 생각으로 고심하던 중, 어느날 문득 생각났다. '내가 가장 하고자 하는 목표치인 출간한 책을 그대로 베껴 쓰면 나도 그것처럼 쓸 수 있지 않을까?' 하는 생각이었다. 그렇게 자판 필사를 시작했다. 순전히, 책이 너무 쓰고 싶어서 출간한 다른 사람의 책을 내 책처럼 베껴 쓴 것이다. 그렇게 하다 보니, 내 글도 필사한 것처럼 비슷하게 쓰게 되어 1꼭지 긴 글을 써낼 수가 있었다. 1꼭지, 1꼭지 쓰면서 어느새 책 1권 분량이 모였고, 그것을 수정해서 투고한 후 계약까지 일사천리로 진행하였다. 자판 필사를 통해서 출간한 것이 바로 내 인생 첫 책인 《하루 한 권 독서법》 이다. 이 책은 지금도 판매되고 있고, 계약기간 5년이 지나고 기존 출판사와 자동 계약갱신되었다.

1장 자판 필사란?

1-01 우연히 발견한 자판 필사, 신의 한 수였다

1-02 자판으로 두드려서 효과가 있을까?

1-03 손으로 쓰나 자판으로 두드리나 그 효과는 같더라!

1-04 왜 손으로만 필사하려 했을까?

1-05 작지만 큰 발상의 차이, 자판 필사

위의 목차는 〈자판 필사〉란 제목으로 내가 쓴 전자책의 목차이다. 자판 필사를 더욱 많은 사람에게 알리고자 자판 필사에 대한 나의 경험과 생각들을 전자책으로 빠르게 써서 등록했다. 시간이 지날수록 자판 필사에 관해 감사함이 생겼다. 그리고, 자판 필사의 효과는 대단하다고 생각하고 있다. 시간이 흐르면 흐를수록 그 가치가 더욱 느껴지는 것이 바로 자판 필사인 듯하다. 내가 인생 첫 책을 쓰기 전, 책을 어떻게 써야 할지 잘 몰라 전전긍긍할 때, 나에겐 멘토가 있었지만, 필사를 권하진 않았었다. 지금 생각하니, 아마도 필사의 어려움 때문에 책 쓰기와 필사를 접목하지 못했을 것이란 생각이 든다. 그 당시 필사의 가치를 모르는 사람은 없었다. 초등학생들에게도 필사를 강조하는 사회적 분위기였다. 하지만 책을 쓰는데 필사가 효과적일 것이라고 상상하지 못했다. 왜냐하면 필사하면 손 필사란 고정관념이 강했기에 손으로 A4 2장이란 1꼭지 글을 써내기란 또 다른 노동이라고 여겼기 때문이다. 단지, 책 쓰기에 손 필사는 무용지물일 뿐이라고 생각했을 것이다. 아니, 아예 필사와 책 쓰기는 전혀 연관이 없을 것이라고 여겼을지 모른다.

3장 책 쓰기를 위한 자판 필사의 효과

위의 목차는 내가 쓴 전자책, 《책 쓰기의 해법, 자판 필사》 목차의 일부이다. 자판 필사는 널리 홍보되어야 할 필사의 새로운 업그레이드 영역이다. 필사하면 사람들이 손 필사만 생각한다. 이 고정관념이 너무 강해서 필사의 가치를 삶으로 끌어오지를 못했다. 필사의 효과와 자판 필사의 효과는 거의 비슷하다. 책 쓰기를 위해서는 오히려 손 필사가 아니라 자판 필사를 해야 하는데, 이 자판 필사가 출간까지 가는 데 결정적인 기초체력을 키우는 강력한 요소가 된다. 기성작가들도 요즘은 자판으로 글을 쓴다. 손으로 쓰는 사람은 거의 없을 것이다. 그런 와중에, 작가가 되기 전부터 작가처럼 자판으로 A4 2장의 긴 글을 쓰는 습관을 들인다면 우리가 어떻게 변하겠는가? 어디 상상만이라도 해보자. 남의 글을 베껴 자판으로 치더라도 글 쓰는 나의 모습이고, 그 글 쓰는 나의 모습이 나에게 글 쓰는 정체성을 심어준다. 글 쓰는 정체성은 곧 책 출간을 부자연스러운 일이 아닌, 나에게 당연히 일어나야 할 자연스러운 일이라는 의식을 갖게 해준다. 자판 필사하는 자체만으로도 이런 어마어마한 효과를 얻게 된다. 거기에다가 위의 목차 내용처럼 자판 필사만 했을 뿐인데, 여러 가지 책 쓰기 능력을 키우는 다양한 효과들이 일어난다. 이것은 팩트이다. 내가 인생 첫 책을 쓸 때, 경험한 것들이고, 〈책성원〉에서 작가들이 자판 필사하고 빠른 속도로 작가가 되는 이유라고 생각해 볼 수 있겠다.

자판 필사, 책 쓰는 삶을 살 수 있게 하는 일등 공신이다. 자판 필사를 해보면 금방 그 힘을 느낄 수 있다. 나는 만약, 자판 필사가 없었다면 지금의 책 쓰는 삶을 살지 못했을지 모르겠다. 책을 썼더라도 굉장히 어렵게 써서 2번째 책은 쓰고 싶지 않았을지도 모른다. 운 좋게 발견한 자판 필사, 나의 이 발견을 감사하게 생각하고 매번 사람은 항상 마음을 열고 머리를 열어, 어떤 상황이든지 받아들여 도전 해보아야 한다는 생각이 든다. 직접 내가 도전하지 않았다면 자판 필사도 내 삶에 일어나지 않는다. 손 필사의 고정관념에 갇혀서 손 필사만을 고집했다면, 자판으로 치는 자판 필사는 하지 못했을 것이다. 자판 필사를 발견하고 난 뒤 인생 첫 책을 써냈고, 나뿐만 아니라 다른 사람에게도 자판 필사의 효과에 대해 알려주고 있다. 더 많은 사람이 자판 필사를 알았으면 좋겠다. 그래서 자판 필사에 대한 경험을 전자책으로 빠르게 출간도 했다. 자판 필사를 통해서 다양한 효과를 삶에 누려보자. 특히, 인생 첫 책 쓰기를 간절히 원한다면 자판 필사부터 하길 바란다. 자판 필사로 글 쓰는 몸, 글 쓰는 정체성을 갖추게 될 것이니, 의심하지 말고 자판 필사 해보길 응원한다.

필사의 고정관념에서 벗어나야 책 쓴다

"안녕하세요. 반갑습니다. 선생님, 저는 저번에 학생들 대상으로 성교육을 했던 강사입니다. 책 쓰기에 관심이 있는 차에 선생님께서 책을 쓰신다는 것을 알게 되어 저도 책을 쓰고 싶어서 이렇게 전화를 드립니다. "

나는 한 통의 전화를 받았다. 목소리가 카랑카랑해서 목소리는 기억나는데, 언제, 어느 곳에서 이 사람을 만났는지 생각이 나지 않았었다. 나이가 들면, 기억력이 떨어진다는 것을 스스로 많이 느낀다. 근무하다 가도 한 가지에 꽂히면 그전에 하던 중요한 일을 잊어버린다. 그래서 나는 메모하기 시작했다. 아예 "보건 일기"라고 파일명을 만들어서 근무 중, 어떤 것이라도 적고 저장한다. 보건 일기에는 근무지 도착해서 해야 할 일 기록부터 시작해서, 소소한 모든 것들을 적는다. 특별히 알게 된 업무의 팁이나, 새삼 깨닫게 된 보건교사의 책임, 그동안 몰랐으나 알면 시간을 벌 수 있는 기능적인 정보, 등등 메모하는 것들은 다양하다. 특별히 제한이 없다. 모든 것을 기록으로 남긴다. 오늘 해야 할 일을 기록하면, 업무에 추진력이 생겨서 좋다. 대략, 30분 단위로 할 일을 기록하기도 하고, 아이들 수업 시간에 맞추어 50분 단위, 즉 한 교시 단위로 할 일을 기록하기도 한다. 이렇게 세세하게 적으면 업무 효율을 200% 이상 올릴 수 있다는 것을 깨닫게 된다.

이제는 글과 함께 살아가야 할 나이가 되었다. 아니, 젊은 사람도 글쓰기가 필요하다. 기록하면 잊어버리지 않는다. 나이도 그렇지만 시대 상황이 글을 쓰면서 살아야 할 시대가 되었다. 어찌하였든, 카랑카랑한 그 목소리의 주인공을 이것저것 생각하는 중에 기억하게 되었다. 기억하는 그 순간, 그 사람의 얼굴이 동시에 떠올랐다. 긴 외투에, 군화 같은 신발, 검은 마스크를 쓴 모습까지 생각났다. 딱딱한 외모와는 다르게 책을 쓰고 싶어 해서 이야기를 잠깐 나누었던 그녀가 불현듯, 나에게 전화를 한 것이다. 책 쓰기에 관한 이야기를 잠깐 나누었는데, 그것을 잊지 않고 다시 전화했다. 나는 사람들이 얼마나 책 쓰기에 관심 있는지, 가끔 무심코 질문을 던져본다. 그러면, 생각 외로 많은 사람이 책 쓰기에 관심을 보였다. 자신의 버킷리스트가 책 1권 쓰는 것이라고 말하는 사람이 10명 중에서 6명 정도는 된다. 실제 책 쓰기를 시도한 사람도 있었다.

최근 나는 배드민턴을 배우고 있다. 햇수로 3년 이상은 되었다. 배드민턴을 칠 때, 가장 잘 안되는 자세가 스텝과 백스윙이다. 이 2가지만 할 수 있으면 어느 정도 수준 이상의 실력을 자랑할 수 있을 것 같았다. 스텝은 빠른 이동을 위해 두발을 동시에 움직여야 한다. 그런데, 이런 스텝을 우리가 평상시 할 일이 거의 없다. 아이들은 놀기 위해서, 이런 식으로 걸음걸이를 하는 때가 있다. 하지만, 어른인 경우 춤을 추는 사람이거나 아니면 운동선수, 기타 특별한 때 외에는 잘하지 않는 스텝이다. 그래서 내가 생각한 것이, 식사 시간 후에라도 보건실에서 혼자서 소화도 시킬 겸, 두발을 동시에 이동하는 스텝 연습을 해야겠다고 생각했다. 보건실이 좁아 중간에 있는 책상 주변을 돌았다. 어색했다. '이것을 왜 해야 하나?'라는 자문을 하면서 '그만둘까?'도 생각했다. 쉽게 말해서 자기 합리화를 통해서 낯선 그 행동을 피하려는 뇌의 활동이 일어났다. 새로운 도전이 어색할 때 가끔 이런 생각들을 한다. 그런 자기 합리화에 속아 넘어가면 안 된다. 나는 어색하고 불편했지만, 계속 스텝 연습을 했다. 나중에는 그럭저럭 할 만했다. 편해지기까지 했다. 점심 식사 후라서 그런지, 소화도 되는 것 같았다. 오른발-왼발-오른발-왼발 스텝이 아니라, 두발을 동시에 빠르게 이동하는 스텝이 점점 어색하지 않게 되었다. 백스윙도 마찬가지였다. 셔틀콕 치기 전에 먼저 스텝을 하면서 백스윙 자세가 준비되어 있어야 한다. 자리를 옮겨 위치를 잡고 나서 백스윙을 하면 늦는다. 스텝과 팔의 백스윙이 동시에 일어나는 몸이 되어야 콕을 더욱 강하게 칠 수 있고, 원하는 자리로 보낼 수가 있다. 평상시 이런 몸을 만들면 코트에선 실제 이런 자세가 나오기 쉽다. 무엇이든지 몸만들기가 우선이다.

책 쓰기에서도 책 쓰는 몸만들기가 우선이다. 책 쓰는 몸이란 글 쓰는 몸이라고도 할 수 있다. 글 쓰는 몸이 만들어지지 않으면 자리에 앉아서 3시간 4시간 동안 1꼭지 글을 써내는 자체가 힘들어질 것이다. 책을 쓰려면 꼭지 글을 써야 한다. SNS의 글은 자신이 쓰고 싶은 대로 쓰고 나중에 그 글에 대한 제목을 달아도 된다. 하지만 책 쓰기를 위한 글은 목차를 미리 만들어 놓고 쓰기 때문에 목차의 소제목인, 즉 꼭지 제목에 맞춰서 사례와 메시지를 찾아서 1꼭지 글을 써야 한다. 100% 매칭이 되지 않아도 되지만, 70% 이상은 꼭지 제목과 꼭지 글이 매칭되어야 한다. 그러려면 인생 첫 책일 경우 1꼭지 쓰는데, 시간이 오래 걸린다. 그것도 꼭지 제목에 따라서 쓰는 시간이 다 다른 데, 꼭지 제목을 보고 사례나 메시지가 바로 떠오른다면 그 시간이 단축된다. 이렇게 꼭지 글을 술술 쓰기 위해서는 먼저 글 쓰는 몸만들기가 필요한 것이다.

글 쓰는 몸은 필사로 만들어 갈 수 있다. 필사가 감동 문구를 내 마음에 새기는 효과 외에 글 쓰는 몸을 만드는 데 효과적이다. 글 쓰는 몸은 연습을 통해서 스스로 글 쓰는 몸을 형성해 갈 수 있는데, 그 비법이 바로 필사이다. 여기서는 손 필사가 아니고 자판으로 하는 자판 필사임을 이미 알 것이다. 그런데, 이런 필사에 대해서 고정관념을 가진 경우가 있다. 그 대표적인 고정관념들은 《내 인생 첫 책 쓰기 비법은 필사이다》에 이미 나는 자세히 적었다. 그것들을 한 번 더 소개하고자 한다. 필사에 대한 고정관념을 뛰어넘어 글 쓰는 몸을 만드는 계기가 되길 바란다. 보통 사람들의 필사에 관한 고정관념은 다음과 같다.

첫째, 베껴 쓰는 것이기에 얻는 것이 없다.

둘째, 글은 자고로 자신의 글을 써야 한다.

셋째, 필사, 왠지 자존심이 상한다.

넷째, 필사는 손으로만 써야 한다.

다섯째, 필사하기에 시간이 아깝다.

여섯째, 필사가 재미없을 것이란 선입견이 있다.

일곱째, 모방의 가치를 자주 망각 한다.

위 고정관념에 반해, 자판 필사를 했던 내가 경험에 근거해 필사를 다시 정리해 보자면, 자판 필사는 단순한 베껴 쓰기만 하는 것이 아니다. 출간한 책 속에 숨겨진 책 쓰기 비법을 고스란히 내 몸에 새기는 작업이다. 그리고 처음부터 자신의 글을 쓰는 사람은 거의 없다. 글 쓰는 재능을 타고났다고 하더라도 남의 글을 씀으로써 그 재능을 발견한다. 필사가 자존심 상하는 일이라면 세상에 자존심 안 상하는 일이 없을 것이다. 손 필사의 고정관념 때문에 필사의 위대한 가치를 내가 알아채지 못했다. 필사하는 시간은 내 안에 새로운 글쓰기의 씨앗을 심는 행위이다. 필사하면 재미없을 것이란 선입견은 완전히 잘못되었다는 것을 알게 된다. 모든 위대한 창조는 모방에서 시작되었다는 사실을 새삼 깨달으면서 필사를 더욱 열심히 하게 된다. 앞의 고정관념 하나하나를 재수정해 보았는데, 말보다는 직접 필사를 해본다면 더 쉽게 수긍할 수 있다.

책 1권을 쓰려면 필사는 무조건 거쳐야 할 과정이라고 여기자. 필사에 대해서 잘 모르는 사람은 '책을 쓰는데, 남의 글을 왜 베껴? 내 글을 쓰기에도 부족한 시간에 없는 시간을 쪼개서 책 쓰는데, 필사할 시간까지는 없다.'라고 생각할지 모르겠다. 어느 부분에 있어서는 맞는 말이다. 하지만, 정확하게 말해서 책 쓰기에 대해서 아무것도 모르는 사람의 생각이다. 책 쓰기를 하기 위해서는 긴 글을 쓸 수 있어야 하고 그동안 평생 긴 글은 고사하고 글쓰기도 하지 않았던 사람에게는 너무나 힘든 일이다. 책 쓰기가 나를 괴롭히는 일이 될 수가 있다. 이런 경우 한 번의 책 쓰기 도전으로 평생 책 쓰기와는 담쌓고 살 수도 있다. 글쓰기와 관련된 일을 한 사람일지라도 내 글을 쓰고, 내 책을 쓰는 것은 또 별개의 문제이다. 내 책을 쓴 경험이 없다면, 역시 필사가 필요하다. 필사는 글 쓰는 몸을 만드는데 가장 적합한 방법이다. 모든 새로운 도전은 몸만들기부터 시작해야 한다. TV로 따지자면, 내가 보고 싶은 드라마가 있다고 했을 때, 그 드라마를 보려면, 그 드라마가 나오는 채널 모드로 먼저 설정해야 한다. 채널 모드를 정확하게 맞춰야지 내가 원하는 드라마를 볼 수 있는 것이다. 필사는 책 쓰기의 채널 모드와 같은 것이다. 필사해야지만 인생 첫 책도 쓰고 평생 책 쓰는 삶도 가능하다. 나는 20권 이상 써보니, 명확히 이제 알았고 힘주어 이 부분을 강조한다. 만약, 당신이 책을 쓰고 싶었지만 쓰지 못했다면 필사했었던지를 돌이켜 보길 바란다. 공교육에서도 필사를 도입해서 누구나 글을 만만하게 쓰는 행복한 시민이 될 기회를 줘야 한다고 나는 생각한다. 여기서 필사는 자판 필사를 말한다. 자판 필사의 가치를 알고 일상 중에서 자판 필사를 실천하고 글쓰기에 자신감을 가지길 바란다. 책 쓰기도 도전하면서 새로운 관점으로 세상을 바라보며 행복하게 사시길 응원한다.

1꼭지 글쓰기는 **삶에 의미를 부여하는 작업이다**

학교 시험 기간에는 마음 편히 조퇴할 수가 있다. 나는 고등학교에서 보건교사로 일을 하고 있다. 학교의 교사가 되고 보니, 낮에는 거의 학교 내에 있어야 한다. 물론, 방학이 있지만, 급한 은행 볼일이나, 치과 진료를 받으려고 해도 마음대로 할 수가 없다. 특히, 보건교사는 학교에 상주해야 하는 책임감이 있다. 언제 어느 때, 응급환자가 발생할지 몰라서 항상 몸도 마음도 대기 상태이다. 그러니, 가급적 어디에 가지를 않는다. 아예, 갈 생각도 안 한다. 하지만, 시험 기간만큼은 예외이다. 시험 기간에는 학교 급식도 없고 아이들도 오전에 시험을 보고 귀가한다. 그러니, 조퇴하고 그동안 못 본 볼일들을 본다. 특별히 볼일이 없어도 시험 기간에는 여유롭게 조퇴하고 집에 와서 쉬기도 한다. 그런 여유가 있어서 시험 기간이 은근히 기다려진다. 그런데, 이번 시험 기간 중에는 그럴 마음을 가질 세도 없이 어느새 시험 기간 4일 차가 되었다. 그래 마음먹고 오늘은 13시에 조퇴해서 은행 볼일 보고 집에 가서 못 쓴 꼭지 글을 쓰리라고 생각했다. 그러던 차에 보건실로 교직원이 찾아와서 한참 이야기하고 보니, 1시 30분이 지났다. 평상시 벼렸던 볼 일, 병원에 들러 대장암 검사를 위한 검사 꾸러미를 가지러 가야 한다는 사실을 뒤늦게 깨달았다. 마트에 잠깐 들리고 병원까지 다녀오면 시간이 너무 없다. 5시에 또 배드민턴 약속을 해두었기에 그 고작 2시간을 집에서 보내려고 집엘 가야 할까? 하는 생각이 들었다. 배드민턴 치는 장소는 학교 근처이기에 차라리 학교에서 시간 보내다가 바로 배드민턴장으로 갈까? 생각했다. 그래도 나는 집으로 출발했다. 가서, 집안에서 여유롭게 꼭지 글을 쓰고 싶어서다. 식탁에서 넓은 거실 너머, 베란다 밖, 도로와 산을 보면서 나는 글 쓰는 것을 좋아한다. '그래, 단 1시간 30분이라도 오랜만에 내가 원하는 장소에서 여유롭게 꼭지 글을 써보자.'라는 마음으로 조퇴를 신청했다.

글을 일상으로 쓰는 사람은 어떤 상황에서든 의미를 찾는다. 비록 시간이 부족하더라도 내가 원하는 그것을 해보고 싶다는 마음을 스스로 감지한다. 잠시이지만, 그 행동을 해야 할 의미를 찾은 것이다. 그리고 보니, 짧은 시간이지만, 집에 머무르길 원하는 그 마음에 꼭지 글 쓰는 것 외에도 집에 있는 애견, 애묘에 관한 생각이 있었다. 그들에게 생각지도 않은 나의 출현으로 기쁨을 주고 싶다는 마음 또한, 있었음을 알게 되었다. 글을 쓰면서 나의 내면 깊은 곳의 마음을 더 자주 들여다보게 되었다. 글쓰기 전에는 현실적인 면에 관심을 두었다면 글 쓴 이후부터는 가치와 의미에 더 비중을 두는 삶을 살고 있다. 의미를 부여할 수 있다면, 그 어떤 일도 가치 있는 것이다.

"환자 후송차 운전 담당자는 보건교사 이름으로 올리려 합니다."

학교에서 교무부장이 보건실에 와서 하는 말이다. 수능 당일, 응급환자가 발생했을 때, 구급차가 대기하긴 하지만, 만약 구급차에 문제가 생길 때를 대비해서 후송할 수 있는 2차 후송 차를 교직원 차량으로 미리 정해야 한다고 했다. 그래서 보건교사의 차를 후송차로 정하자는 관리자의 의견이 있었다는 것이다. 처음에는 이것이 무슨 말인가? 했다. 학교에서 응급환자가 발생해서 보건교사가 갈 상황이면, 위급한 환자라는 의미이다. 위급한 환자를 두고 보건교사가 운전해야 할까? 학교에는 응급 관리 매뉴얼이 있다. 응급 관리 매뉴얼 상, 보건교사는 초응급 상황을 대비해 가급적 학교에 남아있어야 한다. 그리고 심하지 않지만, 병원 후송이 필요할 경우 1차 후송 담당자는 학부모, 2차 담당자는 교과교사나 담임교사이다. 지극히 상식적인 내용이다. 그런데 그런 보건교사가 응급 후송 차를 운전해야 하는 착각을 한 것 같다. 수능 당일은 중요한 날로 평상시 응급 관리 매뉴얼을 기본으로 해서 더욱 철저하게 학교 내 의료인을 확보하고 후송도 보내야 한다. 나는 한마디로 황당했다. 당황스럽기도 했다. 아무리 임시로 정한다고 해도 이것은 아니다. 그 의견대로 한다면 만약, 그런 상황이 발생해서 보건교사가 운전을 해서 후송한다면, 후송하는 동안 위급한 환자는 그대로 뒷자리에서 방치되게 되는 것이다. 있을 수도 없고 있어서도 안 되는 상황이다. 그래서 결국, 나는 학교 응급 관리 매뉴얼과 보건교사가 후송차 담당자가 될 수 없는 이유에 대해서 글을 써서 관리자와 교무부장에게 보냈다. 관리자의 답글 내용은 만일 그런 상황이 발생하면 상황에 맞게 처리하자는 것이었다. 쉽게 수용할 수 없는 답변이었지만, 어쩌겠는가? 응급 상황에서는 제대로 처리하길 바라는 마음으로 마무리했다. 그리고 학교 응급환자 관리 매뉴얼에 대해 제대로 인지하는 계기가 되길 바라는 마음이었다.

황당한 일, 힘든 일, 나를 지극히 괴롭히는 일들은 귀한 글감이 된다. 글감이 되는 것은 의미를 부여했기 때문이다. 그 당시에는 너무 화가 나서 돌아가실 것 같은 일들도 의미를 부여하면 나에게 교훈이 되고 글감이 된다. 위의 내용처럼, 보건교사를 환자 후송차 운전 담당자라고 정한 것은 학교 응급 매뉴얼을 전혀 모르는 황당한 일이었다. 나의 경우, 그 상황에서는 화를 내고 강한 표현까지 할 수 있을 것 같은 감정 상태였다. 결국, 관리자가 원하는 대로 보건교사를 후송차 담당자라고 지정했을 것이다. 그것까지는 내가 확인할 수가 없다. 보건교사의 의견을 한 번만이라도 물어보았다면 관리자는 다르게 판단했을지 모르겠다. 특별히, 전문 분야의 영역이라면 전문가의 의견을 꼭 들어봐야 한다고 생각한다. 자신이 아는 것이 다가 아니다. 어쩌면 더 큰 일이 발생할 수 있는 실수를 아무렇지 않게 만들어 낼 수 있는 존재가 인간이다. 단순하게 생각한 그 내면에 엄청난 위험이 도사리고 있다는 사실을 어떻게 알겠는가? "돌다리도 두드려가면서 건너라."는 말이 있다. 내가 보는 관점에서는 크게 문제없고 사소한 일처럼 보일지라도 전문가의 눈에는 아닐 수가 있다. 직장에서 이런 경험을 함으로써 나는 새로운 글감을 얻었다. 나에게는 너무나 상식적인 일이 비의료인의 입장에서는 생각 외의 판단을 할 수 있다는 사실이 놀라웠다. 모든 경험은 의미를 부여하는 순간 글이 되고, 그 글은 더 많은 사람에게 문제상황을 공유하고 정보전달을 할 수 있는 책이 되는 것이다.

　우리가 경험하는 모든 일들은 의미를 부여할 수 있다. 나를 힘들게 하고 시련 속에 빠트리는 일일지라도 그 속엔 어쩌면, 더 큰 깨달음의 기회와 값진 의미가 숨어 있다고 본다. 그것을 찾아내기만 하면 된다. 글을 쓰다 보면, 그런 의미에 민감해진다. 사소한 일조차, 가슴에 새길 귀한 의미로 받아들인다. 1꼭지 글을 쓰면 그 꼭지 글이 모여서 책 1권 분량이 되고 그것을 퇴고하고 계약해서 세상에 출간하게 된다. 1꼭지 1꼭지는 꼭지 제목에서 필요한 글감을 찾게 한다. 그래야 꼭지 제목에 합당한 꼭지 글이 되는 것이다. SNS에 쓰는 글은 먼저 쓰고 나중에 제목을 붙여도 된다. 하지만 책 쓰기를 위한 꼭지 글은 제목을 먼저 정하고 그것에 합당한 경험사례를 찾아서 써야 한다. 조금 더 어렵게 느껴질 수가 있다. 내가 경험한 삶에서 꼭지 제목에 합당한 경험을 먼저 찾아야 하는데, 그 경험은 의미를 부여한 경험이다. 내 삶의 경험은 비슷할지라도 의미를 어떻게 부여하느냐에 따라 같은 경험이라도 다른 글감이 될 수가 있다. 코끼리 한 마리를 앞에서 봤을 때, 옆에서 봤을 때, 뒤에서 봤을 때, 모양이 다 다르듯이, 같은 경험일지라도 내가 어떤 관점으로 보느냐에 따라서 의미가 달라져서 다른 글감으로 쓰게 되는 것이다. 그래서 같은 경험이라도 다른 관점과 다른 의미를 부여해서 여러 꼭지 글에 쓸 수가 있는 것이다. 글쓰기가 이런 과정이다 보니, 일상사에서도 어떤 경험이나 상황을 보면서 의미를 부여하는 습관이 글을 쓰고 책을 쓰면 생기게 된다. 이것은 아주 좋은 습관이다. 아무리 힘든 일일지라도 의미를 찾아. 그 고난의 시간을 내 삶에 영양분이 되도록 해석해 버린다. 사실, '고난이 축복이다.'란 진리는 시간이 지나고 나서 나이가 들수록 더 많이 인지한다. 부정적인 상황에서도 긍정적인 면을 찾아내는 인성이 자연스럽게 생겨난다고 본다. 꼭지 글쓰기는 내 삶에 긍정적인 의미를 부여하는 습관을 들이게 해서 삶을 밝고 건강하게 살아갈 수 있게 하는 촉매제가 된다. 세상일이 재미없고 지루하다면, 삶에 의미 찾는 것을 글 쓸 때마다 연습하게 되는 책 쓰기에 도전해 보시길 권한다.

출간하는 순간 특별한 삶이 시작된다

공저 필사북인 《삶이 글이 되고 글이 삶이 된다》가 출간되었다. 교보문고에서 먼저 예약판매가 이루어진다는 소식을 출판사로부터 받았다. 예약판매는 인쇄 완료 전에 미리 온라인 서점에 올려 원하는 독자로부터 예약을 먼저 받았다가 인쇄가 마무리되는 대로 배송하는 시스템이다. 요즘은 이렇게도 많이 하는 추세이다. 내가 주로 이용하는 온라인 서점에 들어가 보니, 여기에서도 필사북이 올려져 있었다. 역시 예약판매이다. 그래도 반가웠다. 교보문고는 내가 거의 사용하지 않는 사이트라서 그런지 그렇게 큰 감동이 생기지 않았는데, 내가 아침마다 들어가서 출간한 책들을 확인하는 온라인 서점에 올라온 필사북을 보니, 이제 제대로 출간한 느낌이 들었다. 출간은 언제나 마음에 큰 감동을 일으킨다. 필사북이란 새로운 영역으로 책 쓰기의 영역이 확장된 기분이 든다.

필사북은 공저인 《글이 되지 않는 삶이란 없다》를 바탕으로 사례를 뺀 핵심 메시지만을 모아서 출간한 책이다. 제목이 비슷비슷하지만 조금씩 다른 의미가 있다. 그래도 공통적인 의미는 삶이 우리의 글이 된다는 것이다. 한마디로 우리의 삶은 귀하다. 글을 쓰면서 삶이 소중하고 귀하다는 것을 더욱 깨닫게 된다. 소소한 일상도 우리의 귀한 글감이 된다. 글을 쓰고자 한다면 우리가 경험한 모든 일상이 글감이 되는 것이다. 사실, 글로 쓰지 못할 경험은 하나도 없다. 의미 없는 경험은 없기 때문이다. 의미를 부여하면 된다. 의미 부여하는 것도 하나의 습관이기도 하다. 의미를 부여해서 글로 적어내면 바로 그것이 글이고 책이 되는 것이다. 그런 메시지를 담은 공저가 확장되어 필사북이란 또 하나의 책을 낳았다. 새로운 책을 출간하면서 그 제목은 평생 나와 함께 할 것이며 나를 특별히게 만들 것이다. 《삶이 글이 되고 글이 삶이 된다》와 내 삶은 평생 함께 가는 것이다. 그 공저를 쓴 작가들도 함께 살아갈 것이다. 평생, 특별한 관계가 형성된다.

SNS를 보다가 우연히 피카소와 반 고흐의 이야기를 영상으로 올려놓은 것을 듣게 되었다. 누군가 강의하듯이 올린 피드를 가만히 들어보니, 자신이 자기를 특별하다고 여기면 실제로 자신에게 그대로 반영이 된다고 말하고 있었다. 한마디로 자기 생각대로 현실이 된다는 것이다. 그러니, 스스로 자신을 높이 평가하고 특별하게 생각해야 함이 필요하다는 의미를 강조했다. 자세한 내용은 다음과 같다. 피카소는 스스로 그림에 있어서 자신이 천재라는 사실을 알고 있었다고 한다. 그래서 자신이 그린 그림을 비싼 가격에 팔아 결국, 큰 부자가 될 수 있었다. 그에 비해 반 고흐는 자신의 천재성을 알아채지 못했고, 자신의 그림에 대해서도 자신감이 없었다. 자신의 그림이 잘 그려진 것도 아니었고, 특별하지도 않다고 생각했다. 그래서 평생 그림 1점만을 팔았다고 한다. 사실, 판 것도 아니고 자기 약값 대신에 그림 한 점을 대신 건네주었다고 한다. 그런데, 그 그림이 지금 670억의 가치가 있다고 한다. 그 돈이라면 그 당시에 어마어마한 부자가 되었을 건데, 스스로 자신의 그림이 특별하지 않다고 생각했기 때문에 살아생전 가난한 화가로 살아갔다고 한다. 결국, 생각이 가장 중요하다. 반 고흐도 자신을 특별하다고 의미를 부여했다면 그 그림은 반 고흐에게 특별한 의미가 되어 되돌아왔을 것이다. 자신을 만드는 것은 자기 자신이다. 외부의 환경이 자신을 대신 만들어주지 않는다. 의미를 부여한 만큼, 그것은 의미가 되어 나의 삶을 특별하게 만들 수 있다.

출간하면서 평범하지만 특별한 삶을 살게 된다. 책 1권 출간을 버킷리스트로 정해둔 사람들이 많다. 오랫동안 버킷리스트로만 가지고 있다가 책 1권 출간하면서 그 소원을 이루게 되면 출간 자체는 내 인생에 특별한 의미가 된다. 앞으로도 책 쓰는 삶을 살고 싶다는 생각을 매일 하게 될지 모른다. 그 이유는 책을 써본 사람은 쉽게 이해할 수 있는데, 일단, 책을 씀으로써 책 쓰기가 힐링이 됨을 깨닫게 된다. 내면의 안 좋은 마음을 글로 쏟아내면서 어느 순간, 쌓였던 부정적인 감정들이 사라지는 것을 느낀다. 이것 하나만 하더라도 새로운 사람으로 다시 태어나는 기분이 들 것이다. 부정은 부정의 결과를 낳는다. 사람 관계, 업무, 모든 부분이 꼬이게 하는 가장 근본적인 원인이 된다. 그런 부정적 감정이 사라지고 좋은 감정과 생각들, 꿈, 도전, 기타 긍정적인 단어들이 마음을 채우니, 자연스럽게 삶이 긍정적으로 변화될 수밖에 없다. 책 쓰기를 도전하고 출간하는 순간, 이런 긍정적이면서 활력 넘치는 감정들이 가득 차 확실히 변화된 삶을 살아간다.

인생 첫 책을 쓰고 난 후, 나는 필리핀 세부살이를 결심하고 실행했다. 그 이유는 책 쓰기가 너무나 좋다는 것을 온몸으로 느끼면서 오로지 책만 쓰고 싶다는 열망이 생겼기 때문이다. 우연인지 필연인지, 책 쓰기에 몰입하고 싶다고 생각하는 차에, 자신의 아이와 함께 세부살이를 하고 싶은 엄마를 알게 되었고, 답사 겸 여행 겸 해서 초등학생인 아이들 둘씩을 데리고 필리핀 세부, 정확히 세부 옆의 막탄이란 지역의 학교와 빌리지를 방문했었다. 여행을 마치고 집에 돌아와서 나는 그곳 빌리지 집안에서 책 쓰는 나의 모습을 자주 상상했다. 아이들이 학교 갔다가 귀가하는 4시까지 글쓰기에만 집중하는 나 자신의 모습이 현실인 듯 느껴졌다. 그리고 2달 만에 아이들 둘과 함께 나는 사전답사로 방문했었던 그 빌리지로 갔다. 실제 상상한 것처럼 아이들이 학교를 마치고 귀가할 때까지 책을 쓰면서 세부살이를 하게 되었다. 정말 생생히 상상하면 현실이 되는 것이 맞다.

인생 처음으로 책 1권 쓰고 나는 많은 것이 달라졌다. 반 백년 살았고 영어도 못 했지만, 필리핀 세부살이에 과감히 도전했다. 도전의 목적은 원 없이 책 쓰는 삶을 한번 살아보기 위해서였다. 물론, 아이들 성장에 엄마와의 해외살이가 잊을 수 없는 평생 추억거리가 될 것이란 생각도 있었다. 그렇게 무모한 듯한 도전은 아마도 내가 책 1권 쓴 것이 발단이 되었을 것이라고 지금도 판단한다. 책 1권 쓰고 여러모로 나는 변했는데, 그 변화를 한번 정리해 보았다.

첫째, 매일 글 쓰는 삶을 살게 되었다.

필리핀 세부살이를 통해서 나는 내가 진심으로 원하는 글 쓰고 책 쓰는 삶에 집중할 수 있었다. 코로나19 팬데믹 상황이 발생하여 예정보다 빨리 귀국했지만, 그래도 1년 6개월 동안 나는 원 없이 책을 썼다. 그때, 집중해서 책을 쓴 시간이 책 쓰기 기술을 높이는 데 결정적인 계기가 되었지 않았을까? 생각해 본다. 물론, 1꼭지 글쓰기는 지금도 생각하고 연구하는 중이다. 좀 더 쉽게 쓰기 위해 1꼭지 쓰기 형식은 평생 연구해야 할 것으로 지금도 생각한다. 현재, 나는 매일 1꼭지 글 쓰는 삶을 살고 있다. 글쓰기를 일상으로 하고 있기에 남들과 같은 평범한 직장인의 모습 같지만, 실제는 다른 모습으로 살아가고 있다.

둘째, 작가의 관점으로 세상을 본다.

작가는 세상을 보는 방식이 조금 다르다고 했다. 이 말에 나는 공감한다. 나도 책을 쓰기 전에는 전혀 알지 못했다. 하지만 책을 써보니, 작가의 관점으로 세상을 봐야지 책을 쓸 수 있다는 사실을 인지했다. 작가의 관점은 눈에 보이는 그대로가 아니라 눈에 보이지 않는 그 안의 무엇인가를 보려고 한다는 점이 다르다. 그 안의 무엇인가가 바로 "의미"일 것이다. 세상 모든 현상의 의미를 찾으려 하고 결국, 자신만의 의미를 찾는다. 이것이 작가의 관점이다.

셋째, 시련도 하나의 글감일 뿐이라고 생각한다.

시련은 피해야 할 것이 아니다. 시련이 우리에게 배움의 기회를 주고 성장의 계기를 마련한다. 이것을 작가는 잘 알고 있다. 그래서 힘든 일도 두려워하지 않고 오히려 즐기면서 하려고 한다. 힘든 만큼 그 외의 무엇인가를 또한 얻기 때문이다. 그건, 아마도 글감일 것이다. 그렇기에 굳이 힘든 일도, 시련도 피하려 하지 않는다. "나를 힘들게 하는 일들아! 오라!!"란 태도로 살고 있다.

넷째, 세상에 실패란 없고 경험과 글감만 있을 뿐이다. 도전에 두려워하지 않는다.

책을 쓰면 도전에 강해진다. 책 쓰기도 도전을 통해서 이루었기 때문에 다른 도전에도 개방적인 마음을 가진다. 생각 외로 책 1권 쓰는 것도 결단을 내려야 한다. 어쩌면 소소한 것이라도 처음 하는 것은 결단이 필요하다. 하물며 책 쓰기는 더했을 것이다. 그래도 결단을 내리고 책 1권 써보면, 세상이 다르게 보일 것이다. 책 쓰기는 특히, 실패란 것이 없다. 출간을 못하더라도 책 쓰는 경험한 만큼 이득이다. 향후, 그 경험이 또한 귀한 글감이 될 것이다. 도전을 두려워할 것이 아니라 도전하지 않는 태도를 두려워해야 한다.

출간하면 많은 것들이 변한다. 우선, 스스로 해냈다는 것에 대한 자부심이 생긴다. 출간을 통해서 나의 참모습을 발견하는 순간이다.

외부적인 영향도 적지 않다. 주변으로부터 책 1권 출간에 대해 긍정적인 피드백이 온다. 이 피드백은 앞으로 내가 책 쓰기를 더욱 하고 싶은 외적 요인이 되기도 한다. 무엇보다, 책 1권을 계기로 2번째, 3번째 책도 쓰고 싶다는 욕망이 마음 깊은 곳에서부터 조금씩 차오른다. 완전히 달라진 책 쓰기에 관한 마음들이 나를 움직이게 하고 내 삶을 변화시킨다. 글 쓰는 삶이 나의 자연스러운 일상이 되어 간다. 사고방식에도 변화가 일어나서 사소한 경험에서도 작가의 관점으로 그것을 해석한다. 의미를 찾고 나의 메시지를 만들어 글로 남긴다. 세상 모든 경험과 삶이 나의 글감이 되어 글 쓰면서 살아간다. 직장인이라면 직장에서 글감을 찾아 퇴근해서 1꼭지 글을 써낸다. 쉽게 말해서 낮에는 글감을 자세히 보았다가 저녁에는 그것을 글로 써낼 수도 있다. 아니면 그다음 날 이른 아침에 어제의 삶을 종이에 적는다. 자기반성도 하면서 그렇게 지나온 모든 시간과 경험들이 나에게 귀한 배움의 밑거름이 된다. 중요한 변화는 시련과 도전에 담대해진다는 사실이다. 책을 쓰기 전에는 힘든 일, 나를 괴롭히는 일은 되도록 피하려 했다. 힘들고 나를 괴롭혔던 일들은 나에게 전혀 도움이 안 된다고 은연중에 생각했었던 것 같다. 하지만, 글을 써보니, 나를 힘들게 했던 시련일수록 배울 것은 많다. 그리고 쓸 거리도 많다. 책을 쓰면 굳이 힘든 그런 일을 피할 이유가 사라진다. 하나라도 더 도전해서 더 배우고 더 쓰고 더 성장하는 삶을 살면 된다. 책 1권 쓰고 난 순간, 특별한 삶이 시작된다.

평범한 내 삶이 소중하다는 것을 알아챘다

아침에 일어나면 나는 베란다로 나간다. 안방 베란다는 애견과 애묘의 화장실이다. 낮에는 항상 베란다 문을 조금씩 열어둔다. 겨울에는 조금 열어두지만, 여름에는 더 활짝 열어둔다. 아침마다 베란다를 가보면, 밤새 많이도 시원스럽게 응가를 해놓았다. 우리집 귀여운 애견인 행운이의 패드와 사랑스러운 애묘인 행복이의 두부모래 화장실엔 귀여운 응가들이 보인다. 나는 매일매일 깨끗이 아이들의 화장실부터 청소한다. 고양이 행복이는 청소할 때 나를 조용히 쳐다본다. 내가 가는 곳마다 어느새 따라와서 벽을 사이에 두고 몸은 가리고 얼굴만 빼꼼히 내다보는 모습이 귀엽다. 자기 화장실을 청소할 때도 역시 그렇게 드러내지 않고 지켜보고 있다. 화장실 청소가 끝나면 다음으로는 물그릇에 물을 채워준다. 그리고 마지막으로 사료를 챙겨준다. 행복이는 사료만 주어도 맛나게 잘도 먹는다. 행운이는 꼭 고기를 섞어서 주어야 사료를 먹는다. 먹는 것도 각자 개성이 있다. 부엌에서 내가 무엇을 할 때마다 둘은 나란히 앉아서 나를 지켜본다. 항상 같은 자리에서 쌍으로 나를 쳐다보니, 더욱 사랑스러워진다.

애견과 애묘에게 나는 둘도 없는 소중한 존재일 것이다. 내가 없으면 하나에서 열까지 그 아이들은 찬밥 신세가 된다. 행운이와 행복이가 봤을 때, 나는 그들에게 해결사이다. 그래서 더욱 나와 함께 있는 시간을 좋아한다. 행복이는 쓰다듬어 주면 좋아서 몸에서 소리를 내고 애견인 행운이는 장난을 친다. 기분 좋아 옆에 있는 행복이한테 장난을 걸기도 한다. 한마디로 기가 살아난다. 어린아이가 엄마와 함께 있으면 기가 살 듯이 동물들도 주인 가까이에 있으면 그렇다. 어쩌면 하찮게 보이는 듯한 동물일지 모르지만, 그래도 이 동물들 때문에 웃고 행복한 적이 많다. 애견과 애묘들은 더욱 그럴 것이다. 지극히 평범한 삶이지만, 내 삶은 동물들에게는 전부이고 가장 귀한 삶일 것이다. 나는 애견 행운이와 애묘 행복이를 생각하면, 그들에게 내가 꼭 있어야 하고 내 삶이 소중하다는 것을 느낀다.

"책은 한 살이라도 젊었을 때 쓰라."

인생 첫 책을 쓰고 나는 위의 사실을 깨달았다. '왜 진작에 책 쓸 생각을 못 했을까?' 생각했다. 이런 생각을 할 때마다 나는 대학원 다닐 때가 또 생각난다. 나는 대학을 졸업하고 직장생활을 2년 정도 하다가 대학원을 갔었다. 간호장교로 수도통합병원에서 근무를 서고 있을 당시였다. 대학 졸업하고 사회생활도 어느 정도 적응을 할 때쯤 다시 뭔가를 배우고 싶다는 강한 욕구가 생겼다. 마음이 허했다고 할까? 공허한 마음을 공부로 채우고 싶었던 것 같다. 사회인이 공부할 방법으로 대학원을 가장 손쉽게 생각한다. 성장하고 싶은 마음도 있었기에 자연스럽게 대학원에 가서 공부해야겠다고 생각하고는 대학원 입학 준비를 했다. 그렇게 병원과 가장 가까운 곳에 원서를 내고 적지 않은 대학 등록금을 낸 후 입학했다. 대학원에서는 공부법이 대학하고는 또 달랐다. 과제를 해와서 발표 위주로 수업 시간을 보낸다. 그야말로 주입식 교육이 아니라, 준비해 온 분량만큼 학생이 발표하고 서로 그 발표를 듣고 지식을 습득하는 식이다. 그래서 미리 준비해야 할 것이 많다. 이것도 어느 정도 적응이 되어서 나중에는 많이 수월해졌지만, 처음에는 많은 시간과 에너지를 소모해야 했다. 그렇게 힘들게 해서 논문까지 쓰고 졸업했지만, 솔직히 대학원이 내 삶에 어떤 효과가 있나? 하는 마음이 있다. '2년 반 동안 한 대학원 공부가 책 1권 출간보다 가치 있을까?'라며 책을 쓰고 난 뒤에 생각했다.

인생 첫 책을 쓰고 기뻤지만, 후회되는 부분이 한 가지 있었다. 그것은 다름이 아니라 책을 조금 일찍 썼으면 얼마나 좋았을까? 하는 아쉬움이자 후회였다. 이런 마음이 드는 이유는 책 쓰기가 생각 외로 삶에 크나큰 긍정적인 영향을 미친다는 것을 알게 되었기 때문이다. 만약, 대학원 입학 당시, 책 쓰기에 대해서 알고 있었다면 얼마나 좋았을까? 하는 생각도 해보았다. 2년 반의 시간을 보내고 대학원을 졸업했지만 6개월 만에 개인 저서 1권 쓴 것이 내 삶에 훨씬 더 큰 긍정적인 영향을 미쳤다고 느끼고 있다. "책 1권이 그렇게 가치 있는가?"라고 생각할 수 있겠지만, 해보면 금방 알게 된다. 내가 대학원을 갈 수밖에 없었던 이유는 지금 생각해 보면, 그 당시 책 쓰기에 관해서 전혀 생각지도 못했기 때문이다. 책은 나처럼 평범한 사람이 쓰는 것이 아니라 유명인이나 책을 많이 읽는 전문가가 쓰는 것이라고 무의식중에 생각하고 있었기 때문이다. 지금도 책 쓰기를 그렇게 생각하는 사람이 많을 것이다. 지금 책 쓰는 삶을 살고 있는 나는 말하고 싶다. 책 쓰기를 특별한 사람만의 전유물로 생각하고 아예 쓸 생각을 안 하는 것은 정말, 가치 있는 것을 도전도 해보지 않고 그냥 포기하는 것과 같다고 말하고 싶다. 이제는 누구나 책을 쓸 수 있으니 책 쓰기에 관심을 가져야 한다고 본다.

책을 쓸 뿐인데, 내 삶이 소중하다는 것을 깨닫는다. 정말 신기할 노릇이다. 책만 썼을 뿐인데, 어떻게 그동안 인지하지 못했던 삶의 소중함을 진심으로 깨닫게 되는 것일까? 이것은 책 쓰는 데 필요한 1꼭지 글을 어떻게 쓰는지 그 방법을 알면 쉽게 이해된다. 보통 책을 쓰려면 책 1권을 쓰는 것이 아니라 A4 2장 1꼭지를 쓸 수 있으면 된다고 한다. 그래서 책을 쓰고 싶으면 1꼭지 글을 공략하라고 한다. 1꼭지는 크게 서론-본론-결론의 형식으로 쓴다. 이 형식은 가장 단순하면서 짧거나 긴 글에 공통으로 사용하는 방식이다. 3문장을 쓰더라도 서론-본론-결론으로 쓰면 되고, A4 2장이라도 같은 방식으로 쓰면 된다. 조금 더 작은 차원의 방식은 사례 문단과 사례의미 문단의 세트이다. 사례 문단은 나의 경험을 주로 쓴다. 사례는 나의 경험뿐 아니라 세상의 모든 이야기가 사례가 될 수 있다. 하지만 자기계발서일 경우, 주로 자신의 삶을 사례로 사용한다. 이것을 나의 사례라고 하는데, 나의 사례를 못 찾으면 그다음에 남의 사례를 찾아서 쓴다. 남의 사례는 그야말로 나의 경험을 제외한 모든 것이 남의 사례인데, 뉴스나 다른 사람이 쓴 책의 내용, 이웃의 이야기들, 기타 내 경험을 뺀 모든 것들이 이에 해당한다. 사례 문단과 사례의미 문단 쓰기에 익숙해져야 1꼭지 쓰기가 수월해진다. 우선 사례 문단에서 사례는 나의 경험이라고 했는데 나의 경험은 현재부터 먼 과거까지 다양하다. 꼭지 제목에 합당한 나의 경험을 찾아서 쓰면 된다. 현재 있는 위치에서부터 과거 기억나는 시점까지 가서 사례를 낚시하듯이 건져내는 것이다.

책 쓰기를 위해 1꼭지 글을 쓰면서 매번 과거부터 현재까지 내가 살아온 시간을 되새김질하면서 글을 쓴다. 책을 쓰기 전에는 내 과거를 돌아보지 않았다. 그저 앞만 보고 살았던 것 같다. 하지만, 책을 쓰면서 과거도 보고 현재, 미래도 본다. 그전에는 앞만 보고 살았다면 책 쓰기를 통해서 과거-현재-미래, 전체의 시간을 매일 쓸 때마다 들여다보는 것이다. 지나온 시간, 아니면 현재시간을 자세히 되돌려보아야 글을 쓸 수가 있다. 그것도 겉모습만 봐서는 안 된다. 겉모습 속의 진정한 의미를 찾아내야 한다. 이 과정을 통해서 내가 살아온 모든 시간이 소중하지 않은 것이 없다는 사실을 깨닫게 된다. 책을 쓰기 전에는 정말, 의미 없고 가치 없는 시간이었다면, 책 쓰는 지금은 그런 과거 경험조차도 오늘의 나를 있게 한 일등 공신이란 것을 알게 된다. 책 쓰기 전 막연하게 느낀 것들이 지금은 너무나 소중한 것임을 안다. 나 자신의 존재조차 그렇다. 미처 알지 못했었다. 책을 쓰면서 과거며 현재를 자세히 들여다보는 습관이 생겼고, 그 습관으로 책도 쓰고 나 자신의 소중함도 깨닫는다. 사실, 나 자신이 없다면 경험도 없을 것이고 그 경험이 없다면 책도 쓰지 못하는 것이다. 결국, 책을 씀으로써 나는 나 자신부터 시작해서 내가 살았던 모든 시간과 경험이 가치 있다는 것을 진심으로 깨닫게 된 것이다. 내가 살아갈 삶, 또한 소중하다는 것을 느낀다.

책 1권 써보면, 나 자신이 소중하고 내 삶이 귀하다는 것을 깨닫는다. 책을 쓰기 전에는 전혀 생각해 보지 않았고 그냥 살아있으니까 사는 것이란 수준으로만 내 삶을 생각했다면 책을 쓴 후에는 완전히 변화되었다. 진심으로 나 자신이 소중하고 내 삶이 귀하다는 것을 깨닫는다. 나의 삶이 있기에 책이란 결과물을 만들어 낼 수 있는 것이다. 나는 짧은 기간 동안 20권 가까이 출간했는데, 스스로 놀라기도 했다. 거의 1년에 3권 가까이 해마다 출간했다. 어떤 해는 4권을 출간한 해도 있다. 써도 써도 고갈되지 않은 글감은 그동안 살아온 세월 때문이다. 살아온 수많은 시간의 삶이 있었기 때문에 끝나지 않는 이야기가 쏟아지고 있다. 나의 경험이 소중하고 삶이 소중하다는 것은 책 쓰기를 했을 때 진정 깨달을 수가 있다. 그 어떤 방식으로도 그것은 쉽지 않은 일인데, 단순히 책 1권 쓰기 도전을 통해서 책이란 결과물뿐 아니라 덤으로 나 자신과 내 삶의 가치를 뼛속 깊이 깨닫게 되는 것이다. 이런 가치는 내가 앞으로 살아갈 때도 든든한 힘이 되어준다. 책 쓰기가 내 삶의 진정한 지원군이다.

책 쓰기, 평생 함께할 보배로운 것이다

"일요일 23:40"

주말 다 지나갔고 이제 취침 시간이 되었다. 내일 출근이기 때문에 하루를 마무리하고 잠을 청해야 한다. 하지만, 난 이 시간에도 1꼭지 글을 쓰기 위해 노트북을 펼쳤다. 새롭게 시작한 공저 원고를 쓰기 위해서이다. 《책 1권 쓰고 알게 된 것들》이란 공저 제목을 보면서 생각했다. 책 1권 쓰고 내가 알게 된 것들은 무엇일까? 생각해 보니, 수도 없이 많다. 책 쓰기의 가치는 1권을 출간하고도 충분히 느낄 수 있다. '왜 진작에 책을 쓰지 못했을까?' 후회스럽다. 하지만, 모든 것이 운이 있어야 한다. 학창 시절, 시험공부할 때, 공부를 열심히 했다고 해도 내가 공부한 내용에서 시험문제가 안 나올 수 있다. 그때는 50대 50의 확률로 답을 맞춰야 한다. 공부도 모든 내용을 다 공부할 수 없기에 운이 따라야 한다. 열심히만 한다고 세상이 내 마음대로 다 될 것 같으면 걱정도 없다. 열심히 하고 안 하고를 떠나서 내가 어떻게 할 수 없는 영역이 있다는 것을 나이가 들면서 깊이 실감한다. 내가 반 백년을 살고 책을 쓰게 된 것도 나의 운이다. 지금 책을 써보니, 책 쓰기는 한 살이라도 젊어서 하면 이득이란 생각이 든다. 책 쓰기만큼 성장과 힐링이 되는 것이 없기 때문이다. 한 살이라도 젊었을 때, 이런 성장과 힐링의 방법을 내 삶에 활용한다면 좀 더 세상을 만족스럽고 행복하게 살 수 있을 것이다. 젊었을 때 누구나 하는 방황도 줄어들 것이다. 그래도 또 한편으로는 늦게라도 책 쓰기를 하게 된 것을 감사하게 느낀다. 늦었지만 책 쓴 것이 나에게 운이었다.

책 쓰기, 이 귀한 것을 놓치지 않기 위해 매일 1꼭지 글을 쓴다. 1꼭지 글을 결론까지 다 못 쓰면 서론, 본론까지라도 쓴다. 어떨 때는 서론까지만이라도 쓰면서 내 머릿속에 1꼭지의 형식을 반복한다. 책 쓰기에서 가장 중요한 부분이 1꼭지 글쓰기인데, 지금 20권 이상 책을 썼지만, 나는 여전히 한 꼭지 글쓰기에 관해 연구하는 마음으로 살아간다. 어떻게 하면 더 쉽고 더 빠르게 1꼭지 글을 편하게 쓸 수 있을지 생각한다. 주변에 책 1권, 2권 출간하고 1꼭지 쓰기를 편하게 할 수 있기를 바라는 경우가 있는데, 너무 빠른 욕심이다. 헷갈리고 잘 모르고 어렵게 느껴지더라도 꾸준히 1꼭지 글을 쓰다 보면 어느날부터 맘만 먹으면 1시간 반, 혹은 1시간 만에도 1꼭지 글을 써낼 수가 있는 것이다. 1꼭지라면, 10포인트로 A4 2장 이상의 분량을 쓰는 것을 말한다. 꾸준히 쓰기 위해서는 건너뛰지 말고 매일 쓰는 것이 중요할 것이다. "잘하고 싶으면 매일 해라. 매일 하는 것들은 조금씩 익숙해지고 점점 더 잘하게 된다."라고 내 아이들에게 항상 말한다. 성장을 위해서 가장 중요한 것이 바로 이 "매일"의 가치를 아는 것에서부터라고 굳게 믿고 있다. 아이들에게 말했듯이, 나도 잘하고 싶은 것은 매일 하려고 한다. 1꼭지 글을 더 잘 쓰고 싶고 확실히 내 것으로 만들기 위해 나는 1꼭지 글 쓰기를 주말 늦은 시간이지만, 시작했다.

오늘 〈책성원〉 줌 모임에서 어떤 작가가 인세에 관해서 이야기했다. 〈책성원〉 줌모임은 2주에 한 번씩 한다. 이른 일요일 아침에 줌으로 모여서 실시간 모임을 가지는데, 이 시간에는 필사, 글쓰기, 책 쓰기에 대한 작가들의 다양한 경험과 노하우를 공유한다. 나는 20권 이상의 책을 쓴 사람으로서 책 쓰기 경험과 노하우를 알려준다. 오늘은 "퇴고하는 법"에 대한 나만의 팁을 강의했다. 그리고 인생 첫 개인 저서를 쓴 작가와 5개월 사이로 2권의 책을 연달아 출간한 작가의 출간

소감을 들어보는 시간을 가졌다. 한 작가가 이런 이야기를 했다. 책을 쓰니, 주변 사람들로부터 " 책 쓰면 인세는 얼마나 받나요?", "책 쓰면 돈을 많이 버나요?" 이런 질문을 받았다는 것이다. 그래서 본인도 이런 질문에 흔들린 자기 자신을 느꼈다고 말했다. 사실, 책을 썼지만, 돈을 벌지 못했기 때문이다. 자신뿐만 아니라 다른 작가들은 어떤지 궁금하기도 했지만, 이야기 들어보면 그들도 비슷한 상황이란 것을 알 수 있다고 했다. 하지만, 사람인지라 인세를 더 많이 받고 싶은 것이 솔직한 심정이란 뉘앙스를 풍기면서 말을 마무리했다.

사실, 책은 돈을 벌기 위해서 쓰는 것이 아니다. 돈을 벌기 위해서 책을 쓴다면 그것은 수지가 맞지 않는다. 돈을 벌려면 책 쓰기 대신에 다른 일을 해야 할 것이란 내 개인적인 의견이다. 한강 작가처럼 대작가가 되면 모르겠지만, 대부분 작가는 돈을 벌지는 못한다. 그런데도 계속 책을 쓰는 이유는 분명 돈으로 살 수 없는 보배로운 것을 책 쓰는 과정 중에 얻기 때문이다. 나 자신도 돈과 상관없이, 꾸준히 책을 쓰는 것은 돈보다 더 가치 있는 그것을 얻기 위해서이다. 나는 인세에 흔들리는 듯한 작가에게 말해 주었다. "만약, 주변에서 인세에 관해서 궁금해하고 얼마를 버냐고 질문한다면 다음에는 이렇게 대답해 보세요. 작가님. 돈보다 더 소중한 것을 책 쓰면서 얻습니다. 궁금하시면 한번 책 쓰기에 도전해 보세요." 내가 주변 사람에게 우물쭈물

하기보다는 책 쓰기에 대해서 실제 본인이 느꼈던 그 가치를 확실하게 알려주거나 책 쓰기를 궁금하게 만든다면 질문 한 사람도 그 책 쓰기의 가치에 더 관심을 가지게 될 것이라고 본다. 사실, 돈을 많이 버냐고 질문하는 사람들은 책 쓰기의 가치를 잘 모르니까 그런 질문을 하는 것이다. 책을 1권이라도 써본 사람이라면 인세에 관한 질문은 아마도 하지 않을 것이라고 본다. 그들에게 책 쓸 기회를 제공하기 위해서라도 책을 먼저 쓴 사람은 책 쓰기의 가치를 알려주어야 할 의무가 있다고 생각해 보았다. 먼저 성장한 사람이라면 뒤에 성장하려는 사람들에게 좋은 본보기가 되고 귀한 정보도 공유하여 같이 성장하고 함께 행복한 삶을 살아야 하지 않을까? 하는 생각이다.

책 1권 쓰고 나면 책 쓰기의 가치를 느낄 수 있다. 1권을 써본다면 책은 읽기만 해서는 안되고 쓰기도 해야 한다는 사실을 깊이 깨닫는다. 오늘 〈책성원〉 모임을 통해서 책 쓰기에 대한 가치를 다시 더 생각하게 되었다. 우선 책 쓰기는 일상생활을 하면서 크게 성장하는 비법이다. 힐링이 필요한 사람에게는 또한 힐링의 확실한 방법이 책 쓰기가 될 것이다. 스트레스받는 상황을 글로 토해내면서 감정을 순화되고 상대의 입장에서 다시 생각하는 여유가 생긴다. 상대방을 이해하면 나의 스트레스는 줄어들거나 사라진다. 내가 내 감정에 빠져 헤어 나오지 못할 때 용서하지 못할 상황이 되고 그 상황이 나에게 또다시 상처를 주게 되는 것이다. 글을 쓰면, 이런 것들이 해소된다. 이것 외에 책 쓰기가 내 삶에 보배로운 구체적인 이유는 다음과 같다.

첫째, 자기 내면과 소통한다.

둘째, 내가 내 마음을 알아차린다.

셋째, 내가 가고자 하는 곳을 명확히 알고 노력한다.

넷째, 내가 주체가 되는 삶을 산다.

다섯째, 자존감이 높아진다.

여섯째, 주변 환경과 사람에 덜 흔들린다.

일곱째, 내면이 강해지고 삶을 소신껏 살아간다.

여덟째, 책 쓰기 전과 다른 새로운 삶을 살아간다.

책 쓰기를 통해서 나 자신을 더 잘 알게 되고 내가 원하는 삶을 살게 된다. 책을 쓰는 과정은 나를 알아가는 과정이다. 그리고 내가 진정 원하는 삶이 무엇인지 발견하고 그 삶을 살아갈 수 있는 계기가 된다. 책을 쓰기 전에는 나 자신과 대화하는 일이 별로 없었다. 오로지 앞만 보면서 열심히 살았다. 하지만, 책을 씀으로써 자신의 과거를 다시 되새겨보면서 과거 삶에 대한 의미를 찾아 나란 존재를 좀 더 명확히 알게 된다. 나뿐만 아니라 내 삶도 더 잘 알게 되고 원하는 삶을 위한 시간을 갖는다. 내 삶의 주인공이 나 자신이 되면서 잘하든 못하든 모든 과정을 배움과 성장의 과정으로 생각한다. 자존감은 나도 모르게 올라가고 자존감이 올라가니 주변의 말들에 덜 흔들리게 된다. 한마디로 소신있는 삶을 살아간다. 그야말로 책을 씀으로써 책 쓰기 전의 삶과 완전히 다른 삶을 살아가게 된다. 이것이 책 쓰기가 보배로울 수밖에 없는 이유이다.

책 쓰기는 평생 하고 싶은 보배로운 것이다. 책 쓰기가 왜 보배로운지 책 1권 써보면 알게 된다. 책을 쓰기 전과 책을 쓴 후는 삶이 정말 많이 달라진다. 1권을 쓰고 상황이 여의치 못해서 비록, 지금 당장, 책을 쓰지 못하더라도 책 쓰기의 가치를 뼛속 깊이 간직했기 때문에 언제든 또다시 쓰게 될 것이다. 책 쓰기가 보배스러운 이유는 많다. 사람마다 가장 필요한 것들을 채워주는 것이 바로 책 쓰기이다. 힐링이 더 필요한 사람에게는 책을 쓰는 과정을 통해서 치유 받고 마음의 상처가 봄날 눈 녹듯 사라진다. 성장이 필요한 사람들에겐 책 쓰기가 최고의 자기 계발법이 되어 부족한 부분을 채워준다. 책 쓰기를 통해 기획력, 표현력, 공감력이 생긴다. 책을 쓰기 전에 제목과 목차를 만들면서 전체를 보고 기획하는 능력이 좋아지고 타깃 독자에 공감함으로써 그들에게 가장 필요한 사례를 찾아 글로 설명하고 표현하게 된다. 1꼭지, 1꼭지 쓸 때마다 이런 것을 계속 연습하기 때문에, 책 쓰는 과정 자체가 그 어느 곳에서도 쉽게 얻을 수 없는 다양한 능력을 키워나갈 수 있도록 한다. 그것뿐 아니라, 내면과의 진지한 소통을 반복함으로써 자기 모습을 발견하고 원하는 삶까지 추구하게 된다. 책을 쓰는 것은 1권을 출간하기 위해서만이 아니다. 그것은 표면적인 수확일뿐이다. 책 쓰기 과정 중에는 보여 지지 않은 더 큰 가치들이 숨어 있다. 책 쓰기, 도전해 보기를 권한다. 책 1권 써보고 한 번 뿐인 내 삶을 획기적으로 바꿀 보배로운 기회들을 얻길 바란다.

2장

–

김경화

이제, 누구나 책 쓰는 시대가 맞다

얼마 전 출간한 공저 《필사 POWER》를 몇 권 들고 요양원에 갔었다. 원장은 책을 2층, 3층에 2권씩 비치하고 원장과 국장은 1권씩 구매하기로 하였다. 평범한 내가 책을 썼다고 하니 주변 사람들이 부러워했다. 요양보호사 일을 하기도 힘들고 벅찬데 어떻게 책까지 쓸 수 있냐며, 참 대단하다고 칭찬했다. 나에 대한 이미지가 좋아진 것 같아 뿌듯했다. 사실, 나는 요양보호사로서 3년 넘게 책을 써 왔다. 요양보호사 일을 시작하면서 책 쓰기를 함께 시작했고, 중간중간 공저도 쓰고 개인 저서도 쓰면서 몇 권의 책을 출간했다. 하나씩 쌓여가는 책들을 보며 마음 한편에는 뿌듯함이 가득했다. 나는 요양보호사로서 책 쓰기를 잘 선택했다고 생각했다. 앞으로도 요양보호사로 사는 삶을 진솔하게 기록할 수 있다는 사실에 기쁘다. 디지털 시대가 도래하면서 책 쓰기는 이전보다 훨씬 쉬워졌다. 상황이 안된다면 자비 출판도 가능하다. 누구나 책 쓰기에 대한 열정만 있다면 써낼 수 있다. 전문 작가만 책을 쓰는 시대는 지났다. 평범한 사람이지만 책을 쓰는 방법을 배우고, 1권씩 책을 써내면서 작가가 되는 시대가 왔다.

지인 중에 한 아이 아빠가 있었다. 원래는 평범한 회사원이었는데, 육아휴직을 하면서 책 쓰기를 시작했다. 1권의 책을 출간한 후, 몇 권의 책을 더 출간했고, 이제는 더 이상 평범한 아빠가 아닌 우리나라 아빠 육아의 전문가가 되었다. 보건복지부 장관을 만날 기회도 얻었다. 그는 평범한 아빠에서 더 이상 평범하지 않은 아빠가 되었다. 많은 작가가 정말 힘들고 지칠 때 책을 썼다는 이야기를 들었다. 나 또한 내 삶이 가장 힘든 시기에 책을 쓰기 시작했다. 책을 쓰는 것은 우리 자신을 되돌아보고 삶을 변화시키려는 과정이었다. 책을 쓰면서 나는 새로운 삶을 살아가게 되었고, 내면의 힘을 믿게 되었다.

"나 같은 요양보호사가 어찌 감히 책을 써?"

처음에는 의심과 두려움이 앞섰다. 주변 사람들은 나의 책 쓰기에 냉소적이었다. "너 같이 아무 성공도 이루지 못한 사람이 어찌 책을 쓸 수 있겠냐?"라는 말들이 날카롭게 꽂혔다. 하지만 그들의 비웃음은 오히려 나를 더욱 단단하게 만들었고 꼭 써내고 말겠다는 의지가 불타오르게 했다. 평소에는 책을 읽지도 않았지만, 책 쓰는 방법을 배우면서 첫 책을 쓰고 나서는 책 쓰기는 타고난 재능이 아니라는 것을 깨달았다. 꾸준한 필사를 통해 글쓰기 연습을 했고, 작가들을 모방하며 필사하면서 마치 작가가 된 듯한 착각에 빠지기도 했다. 글을 쓰는 근육이 단련되면서 몸이 글을 쓰는 상황에 익숙해졌다. 2개월 정도 매일 새벽 필사하니 "나도 책을 쓸 수 있을 것 같아!"라는 확신이 들었다. 책을 쓰는 과정은 두려움과 설렘이 공존했다. 두려움을 이겨내고 하루하루를 꼭 써내고야 말겠다는 의지 하나만 붙잡고 책을 써 내려 갔다. 어떤 날은 하루에 몇 꼭지씩 써 내려갔고, 어떤 날은 하루에 한 꼭지 쓰기도 힘들었다. 그때 또 주변의 비웃음 소리가 들렸다. "왜 안 하던 짓을 하면서 힘들게 사느냐?"라는 말들이 귀에 맴돌았다. 한 번도 해보고 싶은 것이 없었고, 어떤 일이든 정말로 집중해 본 적이 없었던 나는 꿈 없이 흘러가는 삶에서 벗어나려고 책 쓰기를 시작했다. 책 1권 출간은 나의 꿈이 되었다. "어떤 상황이 있어도 꼭 이루고야 만다!" 온전히 강렬한 의지만으로 초고를 완성했다.

　몇 번의 슬럼프를 겪으면서도 결국 해내고 말았다. 드디어 초고를 완성하고 출판사에 넘기면서 계약하였다. 그때 마음은 세상을 다 얻은 기분이었다. "나 같은 사람이 책을 써내다니!" 자신도 놀랐다. 책한 권 쓰는 능력이 나에게 있을 줄은 전혀 몰랐다. "하면 되는구나!" 글쓰기에 젬병인 줄 알았는데 출판사가 계약해 주니 정말 감사했다. 책 1권을 출간한 것을 계기로 다른 책을 쓰고 싶은 간절함이 생겼다. "하룻강아지 범 무서운 줄 모른다"라고, 책 1권 출간하자마자 또 다른 책 쓰기에 도전했다. 그렇게 밀어붙였기에, 그 강렬한 열정으로 2번째 공저가 출간되었다. 연이어 책을 쓰면서 점점 책 쓰기에 대한 욕심이 생겼다. 평생 책을 쓰고 내 삶을 기록하고 싶었다. 나중에 자녀들에게 책을 유산으로 남겨주면 자녀들 앞에서 떳떳하게 말할 수 있을 것 같았다. "나는 결코 헛되이 살지 않았다고." 책 1권 출간 후, 내 삶에는 큰 변화가 일어났다. 세상을 보는 눈이 부정에서 긍정으로 바뀌기 시작했고, 전에 없던 자존감도 나날이 세워졌다. 나의 존재가 자랑스러워 보이기 시작했고, 어떤 일에든 도전할 수 있는 마음이 생겼다. 전체적으로 삶이 긍정적인 방향으로 바뀌어 갔고, 나는 웃음을 지을 수가 있었다.

책을 쓰기 위한 독서는 나의 평생 무기가 되었고, 책을 쓰면서 독서 습관도 단단하게 자리 잡았다. 그리고 삶에서 많은 것에 의미를 부여하기 시작했고, 글을 씀으로써 나의 감정을 드러내고 표현할 수 있었다. 점점 나의 상한 감정을 치유하였고, 나의 존재를 사랑스럽게 바라볼 수 있었다. 자신이 사랑스러우니 세상이 사랑스럽게 보이기 시작했다. 너무나 사랑스러워 담벼락 밑에 핀 들풀꽃도 아름답게 보이고, 하늘도 아름다워 보였다. 처음부터 존재했던 것이었는데, 이제야 그런 사소한 것, 평범한 것이 눈에 들어오기 시작했다. 더욱 중요한 것은 책 1권 출간하고 나서 나는 꿈을 이루는 방법을 알게 되었다는 사실이다. 책을 쓰는 것을 바탕으로 책을 쓰려고 계획을 세웠고, 시각화하여 목차를 종이에 뽑아서 늘 들고 다녔다. 책을 완성할 데드라인을 결정했고, 하루에 몇 시간씩 노트북을 붙잡고 책을 쓴다고 낑낑거리며 자판을 두드렸다. 이를 악물고 초고 완성하려고 결심했다. 그리고 결국 내 이름으로 된 책을 써냈고, 출판사와 계약했고, 여러 번 퇴고했고, 나중에는 표지도 볼 수 있었다. 결국 내 이름으로 된 책을 출간했다. 꿈을 이루는 과정도 이와 같았다.

　책 쓰는 이 모든 과정을 통하여 꿈을 이루어 냈다. 늘 한계 속에 사로잡혀 "나는 할 수 없다"를 말하면서 스스로 의기소침하고 자신을 불쌍히 여겼던 나에게 이제 한계는 더 이상 나를 가두지 못하게 했다. 스스로 알을 깨고 안에서 나온 것이다. 책을 쓰는 과정을 통하여 시간 관리를 할 줄 알게 되었고, 일의 우선순위를 알게 되어서 삶이 더 다

채로워졌다. 힘든 시기에 힘들다고 주저앉았다면 어찌 한계를 뛰어넘을 수 있는 담대함이 생기고, 어찌 이 세상을 새로운 눈으로 바라볼 수 있었을까? 아무리 봐도 책 1권 쓴 것이 나에게는 제일 잘한 일이다. 맞는 선택을 한 것이다. 나 같은 평범한 요양보호사가 책을 쓴 것처럼, 지금 평범한 당신도 책을 쓸 수 있다. 책 쓰는 것이 소망이라면, 책 쓰는 사람과 어울리고, 책 쓰는 그룹 안에 소속되고, 책 쓰기를 간절히 바라고 실천하면 작가가 된다. "책 쓰기 아무나 하나?"라고 묻지 말고, 일단 책 쓰기에 도전해 보자.

이제는 누구나 책을 쓸 수 있는 시대가 맞다. 〈책성원〉 작가 모임에서 다양한 사람들이 책을 썼다. 7세 아들 쌍둥이 엄마도 책을 썼고, 간호사도 책을 썼고 훌라댄스 강사도 책을 썼고 경찰관도 책을 썼고 선생님도 책을 쓴다. 수많은 사람이 각자의 직업에 충실하면서 책을 씀으로 전혀 평범하지 않은 삶을 살게 되었으며 사람들에게 선한 영향력을 끼친다. 자기 경험과 노하우는 자신이 보기에는 아무것도 아닌 것 같지만 책을 읽는 독자에게는 힘든 시기 일어설 용기가 되거나 어떤 문제의 탈출구가 되기도 한다. 평범한 내가 책을 썼으니, 당신도 책을 쓸 수 있다. 누구나 삶에서 자기의 지혜를 가지고 있기에 용기와 열정만 있다면, 자신의 이야기가 세상을 움직일 수 있다. 당신의 자리에서 3년 이상 근무했다면 당신은 이미 전문가다. '책은 아무나 쓰냐?'라고 자신의 힘을 의심하지 말고 누구라도 책 쓰기에 도전할 수 있고 책을 쓰고 삶이 바뀌는 것을 느껴보기를 권한다.

우울할 땐, 출간한 책 1권이 큰 위안이 된다

코로나19로 인하여 사람들은 매우 우울했었다. 기존의 생존 세계에 거대한 영향을 끼쳐서 시대의 변화에 적응하며 온라인에 적응한 사람들은 그나마 덜 우울했고 나이가 제법 있고 온라인에 잘 적응 못한 사람은 그대로 시대의 변화를 맞으면서 마음에 우울감을 간직한 채 힘들어했었다. 요양보호사의 일을 하는 사람도 그중의 하나다. 요양보호사 평균나이가 50대 중후반, 또는 60대인 사람도 많다. 일하는 강도가 세고 정신적으로나 육체적으로 스트레스를 받는 일이기에 동료들 사이에서도 불평불만이 있는 것을 볼 수 있다. 불평불만 거리를 보면 불공평한 근무환경과 동료지간의 불신, 상하관계에서 오는 부적합한 지시, 그리고 제일 스트레스를 많이 받는 것은 육체적으로, 정신적으로 일이 아주 힘들다는 것이다. 사람을 대하고 육체적으로 힘을 써야 하는 일이고 거기에 해당하는 보상을 못 받기 때문에 더 힘들다. 나는 요양보호사 일을 하면서 외부의 환경과 사람과 상황에 흔들리지 않기 위해 매일 출근 전 독서하고 필사하면서 마음을 다스리고 감정을 긍정적으로 변화시킨다. 이러한 반복적인 행동이 나에게 인생 첫 책이라는 선물을 주었다.

출근해서 보이는 직장 내 열악한 환경 속에서 어떤 것에도 만족할 줄 모르고 감사할 줄 모르며 불평하는 어르신, 그 연세에 자기가 할 수 있다고 잘 협조하지 않는 어르신, 고집과 아집으로 뭉쳐 낙상 예방을 위해 돕는 것도 물리치는 어르신, 요양원에 입소해서도 자신은 남자라서 잘났고 여자라고 무시하는 어르신, 스스로 화장실 이용이 불가능하면서도 마음만은 청춘이어서 10분에 한 번씩 화장실 가겠다는 어르신, 시사 시 몇 명이 수발, 아무리 욕구 충족해 줘도 수없이 부르는 어르신을 보면 몸과 마음이 지친다. 35명 이상 어르신을 기본적으로 5명 정도의 요양보호사가 돌본다. 적을 때는 팀장 포함해서 5명이면 실제는 4명이 보살펴야 하기에 하루 종일 궁둥이 붙일 시간이 없이 바삐 서둘러야 한다. 청소 시간, 오전 프로그램, 점심 식사, 오후

프로그램, 3끼 중간에 간식과 기저귀 돌봄. 어르신과의 말벗 동무, 아픈 어르신 계시면 더 바쁘게 돌아간다. 솔직히 말하면 우리 요양원은 다른 요양원보다 건물 자체가 크고 동선이 길다. 어르신도 좀 많은 편이라서 어르신들의 수많은 욕구를 다 채워주기는 요양보호사 인원수가 역부족이기에 많이 지친다. 그것도 한 요양원에서 2층과 3층을 볼 때, 우리는 3층이고 2층에는 우리보다 요양보호사가 2명이나 더 많다. 프로그램 때도 13~14명 정도로 프로그램 참여하기 싫은 어르신은 강요하지 않는다. 우리는 3층에 있다. 2층과 비슷하게 어르신은 35명이고 직원이 2명이 적은 상황에서 프로그램에 동원하는 사람은 20여 명이 기본이다. 누구의 자존심을 위한 것인지, 욕심인지 더 많은 어르신을 참여시킴에도 불구하고 요양원에서는 저녁 식사에도 한 사람이라도 더 많은 사람을 거실에 모시라고 한다. 요양원의 활기 띤 모습을 보고자 거실에서 더 많은 사람이 식사하기를 바란다. 프로그램에 참여한 어르신들도 저녁때면 힘들어서 조금 더 편하게 누워있고 싶어 한다.

같은 요양보호사 일을 하더라도 다른 곳과 선명한 비교가 된다. 요양보호사가 주도적으로 일할 수 있는 마음을 동원하기보다 작은 사소한 것이라도 시키고 강요한다. 기본적으로 같은 일을 하더라도 우리 시설은 없는 일을 만들어 간단한 일도 더 복잡하게 만들어 버린다.

요양보호사들도 이제 나이 먹을 만큼 먹었고 집에서는 자녀들의 부모이기에 웬만한 일은 다 알아서 잘한다. 그러나 직원에 대한 신뢰감이 부족하여 시키지 않아도 될 일까지 시키면서 일일이 강요한다. 강요하면 쉬운 일도 하기 싫어진다. 이렇게 일이 빡세니 신입 요양보호사가 입사해서 며칠 견디지 못하고 퇴사한다. 아무래도 무엇인가 잘못된 시스템 속에서 일을 하는 우리는 자신에게 힘을 주지 않으면 지쳐서 쓰러질 것만 같다. 이렇게 요양보호사를 혹사하는 것도 부당하다고 생각한다. 사람이 자신이 하는 일에 대해 보상을 덜 받는다고 느껴질 때 직원들의 불평불만이 생긴다. 입으로 불평불만 하면 더 우울해지고 직장이 싫어진다.

나는 우울한 마음에 사로잡혔던 과거가 있다. 지옥이 따로 없었다. 마음이 우울하기에 무엇을 봐도 불평불만이 생겼다. 삶은 피폐해지고 날마다 죽어갔다. 생기라고는 찾아볼 수 없었고 숨쉬기조차 힘들었다. 그 시기 나는 책 출간이라는 방법으로 삶에 새로운 희망을 찾게되었고 삶을 다시 바라보게 되었다. 책 쓰는 것을 '산소호흡기'와 같은 생명 연장 수단이라고 생각한다. 독서하는 것은 책을 쓰기 위한 독서이고 직장 일 하는 것은 책을 쓰기 위한 소재라고 생각한다. 작가되고 가장 좋은 점은 일상을 기록할 힘을 가졌다는 것이다. 힘든 감정과 일, 사람 등을 기록하다 보면 어느새 마음 한구석에 평안이 찾아왔다. 내가 제일 잘한 것은 3년 전 책 쓰기를 시작했고 지금까지 놓지 않고 있다는 점이다. 책 쓰기를 통해서 매일 의식적으로 자신을 긍정적인 마음으로 채우고 삶을 비관하지 않고 살고 있다. 우울한 시기를 거쳐왔기에 더 이상 장시간 자신을 우울함 속에 가두지 않기도 했다. 내 인생을 내가 주관하고 결정하기로 결단했을 때 삶은 점점 바뀌어 갔다. 우울함은 내가 현실을 바라보고 현실은 내 이상과 반대로 나타난다. 외부환경과 상황과 사람에 의해 영향받는 듯했다. 그러나 우리 내면에 단단한 힘을 가진다면 외부에 일어나는 상황과 사람의 말, 그리고 행위 등은 나를 상처받고 우울하게 만들 수 없다. 오늘도 출근하는 마음을 재정비한다. 내 마음에 우울함이 머무를 자리를 치워주고 마음에 빛을 강하게 비춰준다. 마음이 강한 빛에 향할 때 똑같은 근무 환경으로 인하여 더 이상 상처를 받지 않을 수 있다.

지금 시간은 새벽 5시 40분이다. 필사를 1시간 정도 하고 나서 공저를 쓰고 있는데, 기분이 좋다. 근무 환경은 우울하지만, 그 우울함을 이겨내기 위해서 글을 쓰고 매일 나에게 산소호흡기를 장착시킨다. 나의 산소 포화도는 빵빵하게 건강한 수치를 나타낸다. 이렇게 삶을 기록하고 내면의 자아를 만나려고 노력할 때 나는 행복하다. 출근 전 한 꼭지 쓰기는 나에게 종일 힘든 환경을 이겨낼 힘을 준다. 어떤 때는 글이 잘 써지지 않을 때도 있다. 그래도 책 한 꼭지를 써야 한다는 생각을 계속하면서 힘들어도 한 꼭지를 완성하려고 노력한다. 한 꼭지를 출근 전 쓰다가 다 못 쓰면 퇴근해서 이어서 완성하고 오늘 다 못 쓰면 내일 아침에 이어서 쓰고 이렇게 한 꼭지 완성될 때까지 계속 자신과 씨름한다. 결국 자신을 이겨내고 한 꼭지를 완성한다. 이렇게 쓰인 책이 이미 몇 권이나 된다. 힘들고 지칠 때 온라인 서점에 있는 자신의 출간 결과물을 확인하고 바라보면서 마음이 흐뭇해진다. 몇 권의 책이 이미 출간되었기에 자신을 몇 번이나 이겼다는 점에서 자존감이 높아진다. 인생은 결국 자신과의 싸움이다. 어려운 외부 현실에서 어떻게 자신을 이겨내고 자존감을 높여 자신의 존재를 기뻐하며 사랑할 수 있느냐가 중요한 것이다. 우울한 환경에서 자신의 운명을 탓하기보다 지금, 이 순간을 잡고 오늘을 의미 있게 보내려는 노력이 중요하다. 요즘 내가 필사하는 책은 나에게 큰 정신적 힘을 주고 내면에 집중할 수 있도록 한다. 나의 잘못된 사고를 교정해 주고 내면에 감추어진 나의 보물들이 드러나도록 이끌어준다. 힘들고 지칠 때 내가 하는 필사 독서는 나를 성장시키고 매일의 깨달음을 주면서 나의 내면 힘을 길러준다. 세상에서 찾고자 하는 보물들이 이미 나의 내면에 있음을 알았기에 그것을 끄집어내는 삶이 즐겁다.

우울할 때 출간했던 책 1권이 나의 위안이다. 온라인 서점에 등록된 책을 보면서 외부 환경이 나를 힘들고 지치게 만들 때 자신을 이겨 가면서 1권씩 쓴 책은 자신을 되돌아보면서 내면의 깨달음과 경험과 기술을 드러내는 과정이다. 아직 인기 도서 작가는 아니지만 여전히 책을 쓰고 있고 평생 책을 쓰고 싶은 마음을 가지고 있다. 나는 책을 쓸 때 살아있음을 느낄 수 있고 행복한 그 느낌을 오랫동안 간직할 수 있다. 한 권씩 쌓여 가는 나의 결과물들을 생각하면서 인생을 기록하는 과정에서 좀 더 성장하고 어제보다 나은 나를 만들어 간다. 책 쓰기를 통해 성장할 수 있어서 감사하고 어쩌면 이런 것은 인간의 기본 욕구라는 생각이 든다. 육체적으로나 정신적으로 힘든 일을 하는 요양보호사가 만약 이 책을 읽고 있다면, 책 쓰기를 권한다. 매일 성장하고 싶은 욕구에 충성하여 자신을 매일 갈고 닦을 수 있는 책 쓰기는 자기 계발의 정석이다. 우울함이 그 기반이 되어 삶이 재미없고 모든 일이 귀찮아질 때 자신에게 좀 더 솔직해지고 마음에 우울함을 없애고 기쁨과 행복을 느낄 수 있는 책 쓰기에 도전하시길 강조한다.

출간 책이 내 자존감을 지켜준다

사람은 자신이 내세울 것이 있다고 생각하면 어깨가 으쓱해진다. 그리고 기죽지 않는다. 학연, 인연, 명예, 돈, 지식, 등 있으면 자기 내면에서 으쓱해지고 당당하고 떳떳하게 어깨 펴고 다닐 수 있다. 보통 사람들은 사람 사이를 비교하면서 외모를 보고 사람을 판단하는 경향이 있다. 나는 외모로 보면 아무것도 내세울 것이 없다. 키도 작고 몸무게도 나가고 또 학력도 고졸밖에 안 된다. 내가 외부적으로 유일하게 내세울 수 있는 것은 2021년부터 시작하여 출간한 몇 권의 책이다. 요양보호사로 일하면서 책 쓰기가 쉽지 않다. 우리 요양원에 볼 때도 마찬가지다. 먼저 사람의 외모로 판단한다. 처음에 입사했을 때 나이도 어리고 신입이라고 선임들은 나를 낮게 바라보고 판단하였다. 그러나 《필사 POWER》를 출간한 후 달라졌다. 나는 원장을 비롯하여 원에 몇 권의 책을 가져다주었다. 그 후로 선임들은 나를 낮게 보지 않고 나에 대하여 예의를 지키기 시작했다. 그때부터 나는 나의 소리를 낼 수 있었고 아닌 것은 아니라고 말할 수 있었다. 책을 출간한 이후부터 나는 더 이상 다른 사람의 눈치를 보지 않고 내가 하고 싶고 원하는 것을 할 수 있는 사람이 되었다. 늘 쭈그리고 있던 나는 드디어 쭈그러들지 않고 당당한 모습을 드러낼 수 있었다. 자존감이 상승한 것이다.

어릴 때부터 나는 동네 아이들과 동생과 비교당하면서 자라서 자존감이 아주 낮았다. 분명 자신이 존재해서 숨을 쉬고 있건만 자기 자신을 부정하고 나를 창조한 창조주를 부정하고 내가 보는 세상을 부정했다. 모든 것이 불만스러웠고 세상은 더 이상 나를 반기지 않았고 나의 적이 되었다. 나는 어디서부터 무엇이 잘못되었는지를 알지 못했다. 어떤 것도 나를 기쁘게 하지 못했고 늘 슬픔에 잠겼다. 그 때문에 지인 목사한테 상담까지 받았었다. 왜 나는 자신을 그렇게 부정하고 분명 존재함에도 살아 있고 생명력 있음을 부정하였는지. 목사도 상담하면서 나에게 만족할 만한 답을 주지 못했다. '도대체 나는 왜 기뻐할 수 없었을까?', '나는 왜 기뻐하면 안 되는가?', '나는 실패한 인간인가?', '내 인생이 실패했다면 나는 계속 이렇게 슬프게 살아야 할까?' 모든 것이 의심의 연속이었다. 심지어 내가 살아 숨을 쉬는 것조차 나를 창조하신 창조주에게 원망할 거리가 되었다. '왜 나는 죽지 않는지?' '왜 나는 아직도 도살장에 끌려가는 짐승처럼 죽어가는지?' 이런 질문을 해도 나에게 답을 주는 사람은 아무도 없었다. 나는 어떤 사람이 자신이 '예수'라고 하면서 나에게 손 내밀어 주고 '자기 방향으로 따라가면 구원이 있다고' 헛된 망상을 가지게도 했었다. 그러나 나를 구원할 사람은 꿈속에도 없었다.

나는 나의 삶을 변화시켜야 했다. 독하게 마음먹고 죽지 못할 바엔 살아 나가야 했다. 그러나 슬픔만 있는 세상에서 살아가기는 싫었다. 어떻게 살아야 하는가? 어떻게 기쁨을 누려 볼 수 있는가? 우연히 들은 한마디 "책 쓰면 삶이 바뀐다"라는 말이 나를 책 쓰기로 인도했다. 내 삶을 바꾸면 나도 기쁨을 누리고 행복을 느낄 수 있을 것 같았다. 글쓰기와 독서에 그 어떤 소질도 없었고 책 한 권 읽어보지 않고 글 한번 써보지 않았던 나에게 책 쓰기는 완전히 다른 세상이었다. 내가 처음 책을 쓴다고 했을 때 주변의 많은 사람은 부정적인 시각으로 나를 봤다. "너 같은 사람이 어떻게 책을 써?"라고 말하는 듯했다. 그러나 책 한 권 써보겠다는 나의 간절함을 그 누구도 방해할 수는 없었다. 나는 책 한 권 쓰고 나면 지금 당장 죽어도 여한이 없다고 생각했다. 그것은 목숨을 건 도전이었다. 정말 죽을 만큼 사는 것이 힘들어서 어떻게라도 삶을 바꿔보겠다는 의지로 지푸라기라도 잡는 심정이었다. 그리고 그 간절한 덕분에 나의 인생 첫 책 《새벽 독서의 힘》이 출간되었다. 책 한 권 출간한 힘이 나를 완전히 변화하게 하였다. 자신을 바라보는 관점이 바뀌고 자신에 대한 믿음이 바뀌어 갔다.

책 쓰기는 실패한 인생을 성공한 인생으로 바꿔버렸다. 스스로 '나는 실패한 인생이고, 나를 지으신 하나님의 실수'라고 판단하고 한계 속에 갇혀 살고 있었다. 그러면서도 한쪽 내면에 누군가가 나를 구해 줄 것이라는 헛된 희망도 품었다. 자신과의 싸움에서 결국 나는 '아무것도 할 수 없는 사람'에서 '할 수 있는 사람'으로 거듭나기 시작했다. 내가 세상을 바라보는 관점, 나를 바라보는 관점이 바뀌자, 세상은 처음 내가 믿었던 슬픔만 있는 세상이 아니었다. 나는 결코 그 어떤 하나님의 실패작이 아니었다. 나의 내면에 나보다 더 나를 잘 아는 강한 능력의 진정한 자아가 있었다. 이때까지 자신이 가진 그 위대함을 몰랐고 스스로 한계 속에 가두었다. 여러 권의 책을 읽고 나를 한계에서 구원할 이는 나 자신밖에 없음을 깨달았다. 《새벽 독서의 힘》의 출간은 다른 사람이 말하는 '할 수 없는 책 쓰기'를 뒤집어 놓고 '나도 책 쓰기를 할 수 있다'로 나를 무시하던 사람의 말을 무효화시켰다.

나에게도 내가 모르는 강력한 힘이 있었다. 한 권씩 써 내려가면서 책 한 권 써낸 저력이 나의 힘이 되어서 무엇이든지 원하는 것에 도전할 수 있는 용기가 되었다. 현재하는 요양보호사 일은 육체적으로나 정신적으로 힘든 일이다. 힘이 든다고 느껴질 때 나는 온라인 서점에 나온 나의 이름이 적힌 책들의 목록을 본다. 나도 모르게 자신에 감탄하고 칭찬하게 된다. '벌써 10권이 되는구나, 그동안 잘 살아왔고 많이 노력했다.'라고 스스로 칭찬하게 된다. 칭찬을 많이 받아 보지 못하였기에 독서하면서 '자신을 먼저 칭찬하라'는 말에 감동하였다. 그 구절을 본 후부터는 스스로 칭찬하니 내면에서부터 힘든 감정을 이겨낼 용기가 났다. 자신을 사랑하는 것이 못났다고 생각하는 나의 외모를 보면서 자신을 토닥토닥해 주고 칭찬해 주고 있는 그대로 자신을 먼저 받아주는 일이다.

요양보호사로서 어르신을 보면서 인생의 많은 것을 배운다. 아직 기력이 총명한 100세 된 어르신은 성품이 온화하고 우리를 믿고 자신을 맡기면서 순리대로 산다. 그 얼굴을 보면 평안해 보이고 더 이상 어떤 욕심도 없어 보인다. 나머지 일수를 준비하느라 애쓰는 것도 없고, 자식을 위한 걱정도 없고 그저 평온한 모습으로 사람이나 세상일에 대해서 있는 그대로 받아들이고 조용히 하루하루를 보낸다. 어찌 보면 그 어르신은 행복하다. 나의 행복은 책 한 권 출간 후부터 자신을 사랑하면서 느낄 수 있었다. 남은 삶 동안 자신을 사랑하고 이웃을 사랑하는 것이 평생의 목적이 된 것 같다. 자기를 사랑하지 못하는 사람이 어찌 이웃을 사랑하며 눈에 보이지 않는 창조주를 사랑할 수 있겠는가? 나는 먼저 자신을 비하하는 대신에 칭찬하고 날마다 긍정적인 확언으로 자신의 자존감을 높여 갔다. 나의 정체성을 '할 수 있는 사람'으로 재확립하였다. 자신을 원하는 사람으로 만들기 위해 날마다 새벽 필사를 시작하고 잠재의식에 각인된 잘못된 생각과 믿음을 교정해 나간다. 스스로 자신을 세우지 않으면 아무도 나를 세워주지 않는다는 것을 너무나 잘 알기에 자신의 성장에 관심을 기울이고 있다. 자신의 성장이 나의 삶에 우선순위가 되어서 지금 순간에 최선을 다한다.

책을 출간하면 자존감이 높아진다. 요양보호사라는 직업을 가진 사람은 본인도 타인도 자신을 낮추어 보는 경향이 있다. 나는 요양보호사들이 자기 자신을 낮추지 말았으면 좋겠다. 요양보호사라는 직업이 '그저 남의 똥 기저귀나 가는' 그런 직업이 아닌 '더 고상한 생각을 가진 직업'이 되었으면 좋겠다. 요양보호사 직업에서도 자기 계발할 수 있고 더 나은 자아를 만들어 갈 수 있다. 요양보호사인 나에게 책 쓰는 것은 희망이 되었고 삶의 목표를 제시했다. 내가 쓴 책을 통해 세상과 소통하고, 나의 이야기를 전달 할 수 있다는 사실은 큰 기쁨이 된다. 요양보호사의 일을 하면서 어르신들의 돌발상황과 감정 변화를 경험하게 되고, 또한 보람 역시 많아서 요양보호사도 책을 쓸 사례가 많다는 것을 전하고 싶다. 이 책을 읽고 있는 요양보호사나 자존감이 떨어지는 사람들이 책을 쓸 용기를 가져서 책 쓰기로 자존감을 다시 회복하시길 바라본다.

책 쓰기는 중독과도 같은 매력이 있다

'중독'이란 단어를 나는 싫어했다. 생각나는 것이 마약중독, 술중독, 도박중독 등 별로 안 좋은 것들을 말하는 편이 있다. 그러나 지금은 '조금'은 좋은 의미로 받아들일 수 있다. '중독'을 어떤 의미로 받아들이는가에 달렸다. 나는 '중독'을 몰입의 뜻으로 받아들이기로 했다. 기독교 교인이라면 예수에 중독되어 '예수쟁이'로 사는 것이 진정한 성도의 삶이고 요양보호사에 '중독'되어야 진정한 아름다운 마음을 품은 요양보호사가 되고 책 쓰기에 '중독'되어야 진정한 작가가 되는 것이다. 이런 면에서 '중독'은 몰입이라는 뜻을 가질 수 있다.

나는 3년 차 요양보호사다. '직장은 사표를 가슴에 묻고 다닌다'라는 말이 있다. 요양보호사 직업도 마찬가지다. 그러나 요양보호사 일에도 사표를 품고 다니지만 마치 중독된 것과 같이 그 일을 쉽사리 놓을 수 없다. 어르신과 부대끼는 삶에서 몸은 힘들고 지칠 때가 많았다. 퇴근 후에는 녹초가 되어 잠들곤 했다. 하지만 어르신들의 삶을 가까이서 지켜보면서 그들과 함께하는 희로애락으로 이튿날 출근이 기대된다. 밤새 어르신들은 안녕하셨는지? 별고는 없었는지? 궁금해진다. 그들을 통해 얻는 삶의 의미는 내가 또다시 새로운 희망을 품고 출근 준비하도록 한다. 몸과 마음이 힘든 일이기에 나는 자신에게 힘을 주어야 했다. 책 쓰기는 나에게 힘든 날을 견디는 수단이 되었다. 따져보면 요양보호사 일을 시작하면서 책 쓰기를 시작했다. 어찌 보면 책을 썼기에 지난 3년 세월을 견디며 버티며, 어떤 때는 즐기며 살아왔는지도 모른다. 책 쓰기로 인하여 요양원 어르신들의 일상이 책의 사례가 되었고, 힘들지만, 그만큼의 가치와 성장이 있기에 그것에 '중독'되어 그 일을 놓지 못했을 수도 있다.

어제 〈책성원〉 작가 모임이 오프라인으로 있었다. 1년에 2번 모이는 오프라인 소모임이다. 우리는 줌으로 2주에 한 번씩 만나고 책을 쓴다는 같은 꿈을 가지고 필사 인증부터 시작하여 자기 개인 저서 출간까지 이어간다. 그중에 나의 소개로 작가 모임에 가입 한 작가가 있었다. 그는 20여 년의 경력을 가진 수간호사였다. 그는 병원경영이 어려워지고 병원문을 닫아야 하는 어려운 환경에 놓이게 되었다. 같은 시기에 많은 직원이 퇴사했지만, 그는 6개월 정도 작가 모임에서 필사를 통해 작가가 되었고 지금은 개인 저서 출간과 몇 권의 공저 출간, 그리고 계약된 3권의 책과 초고 마무리 단계에 있는 4번째 개인 저서를 마무리하고 있다. 1년이란 시간 동안 그는 엄청난 씨앗을 뿌렸고 그 결과물이 줄줄이 출간될 것이 기대되었다. 1년이란 시간이 흘렀건만 같이 퇴사한 직원들은 아직도 일자리를 찾는 사람도 있었고 불안하지만, 그 병원에 재 입사한 사람도 있다고 했다. 그러나 지인 작가는 이미 몇 권의 책을 출간했고 아직 거두어들일 열매도 몇 권이나 있다. 이미 써놓은 저서로 출간을 기다리는 책도 몇 권이나 되니 어찌 자신도 감동하지 않을 수 있겠는가? 그는 어제 최근에 출간된 자신의 첫 책을 들고 리더 작가에게 감사의 선물을 드리면서 모임에 참석하여 우리에게 감동을 주었다. 책을 정성껏 포장하고 편지까지 써서 모두 그 진심 어린 감사에 눈물 흘렸다. 책 쓰기로 인하여 그는 그동안 갈급했던 마음을 책 속에 녹일 수 있었다. 단기간에 책 4권에 자신의 마음을 풀어 쓸 수 있으니 얼마나 하고 싶은 말이 많고 얼마나 갈급했을지 짐작이 간다.

그는 그동안의 마음을 풀어주는 책 쓰기로 인하여 자기 내면의 성장을 느낄 수 있었다. 옆에서 함께 하는 우리도 그의 놀라운 성장에 응원한다. 나도 삶을 변화시키기 위해 첫 책 쓰기에 도전했었다. 그리고 첫 책 출간에 이어 계속 새로운 아이디어가 생겼다. '물 들어올 때 노 저어라.'라는 말대로 우리는 첫 책 출간을 이어 계속 두 번째, 세 번째 초고를 쓰고 계약하고 출간하고 했다. 그 힘이 책 몇 권 쓸 때까지 갈급하다. 책 쓰기에 대해 젬병이던 사람도 책을 쓰면서 자기 내면의 변화를 너무 잘 알기에 계속 도전하는 것이다. 책 쓰기의 가치를 알게 된 우리는 그 가치를 무엇과도 바꾸지 않는다. 책 쓰기는 나를 살리는 '중독'이 되어 계속 책 쓰기에 매달리게 한다.

책 쓰기도 요양보호사 일과 마찬가지다. 처음에는 '작가는 아무나 되나? 책 쓰기도 타고나야 하지.' 이런 마음이었고 책 쓰고자 할 때, 막막했다. 그러나 자판 필사하면서 남의 글부터 쓰고 내 글도 쓸 수 있을 때 자신의 마음을 풀어내기 시작하니 어느덧 책 1권을 출간할 수 있었다. 책 1권을 출간하고 나서 몸이 허락하는 한, 평생 책을 쓰고 싶다는 꿈과 희망이 생겼다. 이전 같으면 책 1권 출간으로 도도하게 자신을 작가라는 환상을 하며 살았을 수도 있다. 그러나 책 1권 출간하고 나서 책 쓰기는 1권으로 끝날 수 없음을 알았다. 마음속에는 계속 책을 쓰고 싶다는 욕구가 일어난다. 우리의 인생을 책 한두 권으로 압축시킬 수도 없고 책을 쓰면서 자신이 잡은 허황한 것들을 놓을 수도 있다. 내면에서부터 많은 것을 내려놓으니 점점 삶이 가벼워지고 자기 현재의 위치를 정확하게 잘 알게 되었다. 그리고 그 순간은 인생의 한 점이라는 사실도 깨달았다. 망망한 대해를 바라보면 자신의 왜소함을 알 수 있듯이 책 쓰기는 인생의 한점을 보면서 점들로 이루어진 삶의 순간을 선으로 이어가는 작업을 하는 것이다. 삶의 소중한 순간을 기록하고 싶다는 마음에서 계속 2번째, 3번째를 쓰고 싶어진다. 자기 내면을 돌이켜 보면서 자신을 점점 더 나은 사람으로 만들어 가고 싶다는 바람으로 채워지고 있다. 책 1권 써보지 않은 사람은 "책 1권 출간했으면 됐지, 뭐 하려고 고생하면서 책을 쓰나? 책을 1권 더 써서 돈이 되냐?"라고 묻는다. 그 사람은 책을 써보지 않았기에 책 쓰는 사람을 우습게 여기기도 한다. 그러나 책 쓰기는 결코 남들 보기에 미친 짓이 아니다.

내가 경험한 책 쓰기는 많은 면에서 나를 성장시켰다. 아래 내용처럼, 책 쓰기의 여러 가지 좋은 점을 여러분과 함께 공유하고 싶은 마음이다.

첫째, 책 쓰기는 나를 깨우는 마법과 같다.

내면을 깨우는 책 쓰기는 나의 마음을 긍정으로 이끌고 마음을 고요함으로 인도하고 자신에게 어르신들의 삶을 통해 깨닫는 것을 기록하고 나의 삶에 거울 효과로 적용된다.

둘째, 책 쓰기는 세상과 소통하는 창문과 같다.

내가 쓴 글을 통하여 요양보호사의 내면에 긍정적인 동기를 불어 넣어 줄 수 있다. 그들의 소리를 내어줌으로써 장기 요양기관의 요양보호사에 대한 존중과 더 나은 복지를 제공하여 요양보호사의 감동적인 돌봄을 끌어낼 수 있다는 사실에 기쁨을 줄 수 있다.

셋째, 책 쓰기는 나를 성장시키는 밑거름과 같다.

책을 쓰기에 내 생각과 감정을 정리하고 잘못된 생각과 감정을 교정하며 스스로 통제할 수 있다. 이 과정이 자신을 성장시키는 과정이고 변화하기를 원하는 자신에게 큰 만족감을 준다.

넷째, 책 쓰기는 나의 삶을 풍요롭게 만드는 비결과 같다.

나의 결핍된 마음이 책을 쓰면서 책을 읽게 되고 점점 더 풍요로워졌다. 책을 쓰기 위한 독서는 나의 짧은 인식을 넓혀주고 믿음을 확장하고 스스로 정한 한계를 뛰어넘어 자신을 초월할 수 있도록 한다.

다섯째, 책 쓰기는 평생의 꿈을 향해 나아가는 동기부여와 같다.

책 1권 출간해 봤기에 책 쓰기의 소중함을 깨닫고 평생의 책 쓰기를 꿈으로 간직하고 그 꿈을 향해 앞으로 나아가는 동기가 되었다. 책 쓰기를 할수록 자신의 미흡함을 알게 되고 배우기에 더 열심을 내게 된다. 사람이 성장하고 변화하는 욕구는 기본적인 욕구다. 그 욕구가 책 쓰기를 통해 이루어진다.

책 쓰기는 중독과 같은 매력이 있다. 본업 외에 다른 일을 하는 것은 힘들 때도 있지만 책 쓰기 위한 힘듦은 오히려 삶의 힘듦을 이겨내는 힘듦이 되었다. 책을 쓰는 기쁨과 성장은 나의 가치관을 바꿔주었고 세상을 바라보는 관점을 바꿔주었다. 내가 책을 썼으니, 당신도 책을 쓸 수 있고 책을 쓰므로 전에 보지 못한 삶의 가치를 볼 수 있다. 당신의 삶도 당신의 책으로 써내고 세상에 공감하는 이야기가 되어서 당신의 경험, 생각, 감정을 다른 사람과 공유할 수 있다. 책을 쓰는 것은 단순히 글을 쓰는 행위가 아니다. 자신을 뛰어넘고 진정한 자아를 발견하고 성장하는 여정이다. 나의 경우, 책 쓰기를 통해 자기 내면의 감춰진 다이아몬드를 발견하고 빛을 내도록 갈고 닦고 스스로 성장하기를 선택했고 자신을 믿고 사랑하고 수용하는 길을 열었다. 인생은 자신을 사랑하는 것에서부터 시작하여 이웃을 사랑하는 것이다. 그것이 책 쓰기를 통해 이루어진다. 책을 쓰는 과정은 어려울 수

도 있지만 함께 하는 사람이 있다면 책 쓰는 과정을 통해 자아 성장과

발전을 할 수 있다.

책 쓰기의 가치는 말할 수 없이 많다

나는 현재 40대 중반이다. 인생 전반전을 살면서 제일 큰 목표는 연수익 1억 원이었다. 내 인생이 돈을 좇고 돈에 쫓기면서 살았다. 하지만, 나는 울며 겨자 먹기로 연수익 1억을 내려놓을 수밖에 없었다. 헛된 것을 추구하고 좇았기에 나 자신도 피폐해졌다. 연수익 1억 원이 행복을 줄 거로 생각했다. 그러나 그것은 외부의 것이고 나에게 허망한 욕심을 줄 뿐이었다. 그렇게 바라고 좇던 것을 내려놓으니, 세상에 종말이 온 것 같았다. 허황한 것을 좇았던 자신을 용서하지 못하기에 자신을 사랑할 수도 없었다. 타인에 대한 용서도 사랑도 원하지만 이룰 수 없는 것들이었다. 나는 '용서'란 단어의 의미를 잘 몰랐다. 자신을 용서하지 못하는 거짓된 용서는 자신을 더 황폐하게 만들었다. 죽음의 삶에서 나를 사는 삶으로 옮겨준 것은 책 쓰기였다. 책 쓰기를 통하여 나의 가치관이 바뀌고 추구하는 것이 바뀌기 시작했다. 내 삶을 바꾼 책 쓰기의 가치는 말할 수 없이 많다.

책 쓰기가 나를 죽음의 삶에서 생명의 삶으로 바꿔줬다. 그러기에 나는 책 쓰기에 더 애착을 가진다. 비록 다른 사람이 보기에는 아직 부족하지만 나한테는 구원의 길이었다. 삶이 힘들고 버티기 어려울 때 책 쓰기를 통하여 새 힘을 얻었기에 책 쓰기가 어떻게 내 인생을 바꿨는지 공유하고 싶다.

첫째, 책 쓰기는 나를 구원하는 수단이었다.

삶의 절망적일 때 살아남기 위해서 책 쓰기를 배웠고 책을 씀으로써 삶이 변화되기 시작하였다. 삶을 바꾸기 위해 시작한 책 쓰기는 과연 나의 삶을 바꿔주었다. 나는 책 쓰기에 대해 높은 가치를 부여한다. 책 쓰기란 수단을 통해서 나는 이 세상을 바라보는 관점을 바꿀 수 있었다. 죽음에서 부활한 것이다. 삶을 살아갈 용기를 가지고 부정적인 삶에서 긍정적인 삶으로 바뀐 것을 높이 평가한다. 책 쓰기를 하지 않았다면 나는 지금도 인생의 먹구름 속에서 방황하고 있었을 것이다.

둘째, 책 쓰기를 통해 사랑하는 법을 배웠다.

자신을 비하하고 죄의식으로 자신을 가두고 살았던 나는 먼저 자신을 죄의식으로부터 해방했다. 자신을 해방하는 것은 자기 자신뿐이다. 아무도 나를 구원해 줄 수가 없다. 책을 쓰면서 자기 내면을 되돌아보고 나의 잘못된 점을 교정하면서 과거에 사로잡혀 사는 것이 아니라 자신의 마음과 행동을 교정하여 미래를 바꿔 가는 것이다. 과거의 잘못을, 바르게 인정하면서 과거와 같지 않은 과거보다 더 진보한 미래를 위하여 자신의 길을 헤쳐 나간다. 내면에 위대한 자아가 발산하면서 점점 자신을 사랑하는 힘이 생겼다. 나의 내면 힘이 생기니 전에 짐으로 생각했던 가족들을 받아줄 수 있고 자신을 더 성장시키고 발전시키고 가족과의 관계 개선을 위해 노력한다.

셋째, 책 쓰기를 통해 꿈을 가지는 법을 배웠다.

꿈이 없던 내가 책 쓰기를 통해 한 권씩의 책을 쓰고 싶은 꿈을 가졌고 나의 삶을 기록하려는 꿈 너머 꿈을 가졌다. 꿈을 가진 삶은 더 여유롭고 나를 분발하도록 이끌어준다. 꿈을 가지고 실천하고 이루는 방법들을 알게 되어 인생 살아가면서 많은 면에서 책 쓰기와 같은 방법으로 살아갈 때 삶은 점점 결과를 만들어 내고 활기를 더 해준다.

넷째, 책 쓰기를 통해 자존감이 높아졌다.

나 같이 학벌 없고 재산 없고 사람들 앞에 아무것도 내세울 만한 것이 없는 사람이 요양보호사 직업을 하면서 자존감이 더 떨어졌다. 스스로 하는 직업을 만족하지 못하고 자존감을 스스로 낮추는 삶은 나를 더 힘들게 했다. 그러나 책 쓰기를 통해 자존감을 스스로 높여주면서 요양보호사라는 직업에도 만족감을 가지는 편이다. 나는 왜 '요양보호사' 직업을 선택했는지 분명히 알고 앞으로 요양보호사를 하면서 더 높은 단계의 꿈을 꾸고 있는 것은 분명하다. 요양보호사에 무슨 희망이 있고 비전이 있냐는 사람도 있겠지만 나는 10년 뒤의 비전을 보고 있다. 마지못해서 할 일이 없어서 요양보호사를 하는 것이 아니다. 나는 요양보호사를 하면서 인생의 중요한 가치를 얻을 것을 바라본다. 죽음의 문턱에 계신 어르신들을 돌보면서 자신을 업그레이드하는 것이다.

다섯째, 책 쓰기를 통해서 내 주변의 인물을 정리하면서 나의 정체성을 재정립하였다.

나는 아무나 하는 요양보호사가 아니다. 나는 책 쓰는 요양보호사다. 책을 씀으로 먼저 나의 자존감을 높이고 자존감이 낮은 요양보호사에게 자존감을 높이고 동기를 유발하고 싶은 마음이다. 요양보호사의 질을 높이는 독서와 필사와 책 쓰기를 통하여 요양보호사의 독서 시간을 만들어주고 요양보호사도 자기 계발을 즐겁게 할 수 있는 길을 열어주고 싶은 것이다. 또 주변 사람 중에는 요양보호사뿐만 아니라 작가들로 채워졌다. 작가라면 사람들이 모두 높이 평가해 준다. 일단 대부분 사람이 '글은 아무나 쓰나? 작가는 아무나 되나?'라는 편견이 있어서 작가라면 공손히 하는 태도를 보인다. 책 쓰기를 통해서 열악한 환경을 이겨내면서 자기 주변을 더 질 높은 사람으로 채우고 있다.

여섯째, 책 쓰기를 통해 주변 사람이 나에게 예의를 갖춘다.

나는 나이 어린 신입 요양보호사로서 막내다. 동료들은 대부분 50대 중후반부터 많게는 60대 중후반도 있다. 그들과의 인생살이를 비교해 보면 나는 그들에 비해 아직도 어리다. 처음에는 함부로 대하는 동료도 있었다. 그러나 책 출간을 통해 나의 이미지는 한껏 높아졌다. 작은 한 가지 일에도 무시하지 않고 동료로 의견을 물을 때도 있었다. 또 함부로 나한테 아랫사람 취급하듯 하지 않았다. 동료와의 긍정적 관계는 직장생활이 더 편안해지도록 이끌었다.

책 쓰기의 가치는 말할 수 없이 많다. 책 쓰기를 하면서 한 권씩 늘어나는 책에 적힌 내 이름을 볼 때 나는 더 도전하고 싶은 마음이 간절하게 생긴다. 나의 삶을 책으로 남긴다는 것이 정말 위대한 발상이다. 삶의 종착지에서 후회 없는 삶을 살았음을 자신에게, 자녀에게 증명해 보이고 싶은 것이다. 그러기 위해서 오늘을 살면서 지금에 최선을 다할 수 있다. 요양보호사로 근무하면서 아무런 준비 없이 늙어버리고 이미 저 문턱 앞에서 허덕이는 그들을 보면서 그들의 삶도 한때는 빛났을 것이지만 그 빛남을 누구에게 얘기해줄 수 없고 그저 그렇게 늙어가고 아무런 힘도 용기도 없이 사는 모습이 안타깝다. 그들에게 아무런 꿈도 없는 것이 어찌 보면 그들의 노화를 더 가속하는 것 같았다. 80~90에 무슨 꿈을 가지냐고 하지만 그 나이에도 꿈을 이룬 사람들의 이야기를 보고 듣고 있다. 그런 사람들의 이야기가 동기부여 되어 지금 나의 가슴을 설레게 한다. 나의 삶을 통째로 바꿔놓은 책 쓰기 수단은 지금도 나를 충분히 멋진 사람으로 바꿔가고 앞으로 더 멋진 나를 만들어 간다. 책 쓰기는 나뿐만 아니라 요양보호사 일을 하면서도 그 직업에 대해 불평하는 많은 요양보호사에게 도움이 되고 요양시설의 더욱더 질이 좋은 서비스 제공을 할 수 있게 한다. 세상을 바꾸려면 나부터 변하는 것이 맞는 것이고 순리이다. 이 책을 읽는 사람들 특히, 요양보호사가 자기 삶의 질을 높이기 위해 노력하면

좋겠다. 독서부터 시작하여 책 쓰기까지, 자신의 성장을 위해 도전해

보시길 바란다.

글 쓰는 삶, 책 1권 쓰고나서 실현한다

보통 사람들은 '작가는 아무나 하나?'라고 말한다. 그러나 요즘 시대, 작가는 결단을 내린 사람이라면 아무나 되는 시대가 되었다. 책을 출간하려고 마음먹고 책 쓰기를 배우는 사람은 아직 책 1권 출간하지 못했지만, '작가님'이라고 불러준다. 책 쓰겠다는 결심을 한 사람은 책을 출간할 힘을 가지고 있기 때문이다. 나도 책 1권 출간하기 전에 보통 사람과 같은 의식을 가졌다. '나 같은 사람이 어찌 작가가 될 수 있나?'라고 생각했고 책 쓰기와는 거리가 먼 사람이라 여겼었다. 그러나 삶을 변화시킬 수 있는 책 쓰기를 배우면서 '작가님'이라고 불려 졌을 때 어색하여 나한테 맞지 않는 옷을 입은 듯했다. 점점 '작가님'이라는 호칭에 익숙해지면서 호칭에 맞는 사람이 되기 위해 노력했고 결국 인생 첫 책 《새벽 독서의 힘》을 출간했다. 눈앞에 자신의 이름이 박힌 인생 첫 책을 바라보면서 나 자신도 놀랐다. '작가'가 되는 것이 나의 꿈이었는데, 그것이 실현된 것이다. 자신도 몰랐던 책 1권 출간할 수 있는 그 놀라운 힘이 내 안에 있었다. 책이 출간되고 나는 네이버에 작가로 이름을 등록할 수 있었다. 작가 아니면 어떻게 우리나라 최대의 검색엔진에 자신의 이름을 등록할 수 있겠는가? 연예인도 아니고 유명한 사람도 아닌데. 그래도 우리는 누구나 다 가능성을 타고난 것이다. 그 가능성을 끌어내 줄 수 있는 사람을 만나느냐가 중요하다.

글 쓰는 삶은 책 1권 출간하고 나서 실현되었다. 그때부터 나에게는 평생의 삶을 기록하고 싶은 꿈이 생겼다. 책 한 권 출간하고 나서 나의 삶을 기록하고 자신을 되돌아보고 현재 자신의 위치를 잘 알아간다. 과거를 바꿀 수 없지만 과거를 돌아보면서 잘못된 과거를 교정할 수 있고 현재를 바로 살아가면서 멋진 꿈 꾸던 미래가 실현되어 가는 것이다. 책 1권 출간하고 나서 관점은 많이 변했다. 삶 속에서 벌어지는 일들은 기록함으로 다음 책에 담길 사례가 되었고 삶을 독자의 위치에서 보는 것이 아닌 저자의 위치에서 바라보게 되었다. 독서도 책 1권 출간하고 나서 책 쓰기 위한 독서로 바뀌었다. 작가로서 매일 하는 독서는 내 생각을 점점 더 확장하고 의식을 확장한다. 책 1권 출간하고 나서 이미 자신에게 놀라운 힘이 있음을 알게 된 것은 자신의 미래를 더 멋지게 끌어나갈 힘이 있음을 알게 되었다. 삶에서 끌려다니면서 삶의 고단함에 어찌할 수 없이 무능력하던 나는 삶의 도망자가 아닌 주체자가 되어서 삶을 이끌어 간다. 인생에 대한 좋은 글들을 보면서 내 삶도 글 속의 내용처럼 멋지게 살아갈 수 있기를 바랐다. 삶은 도망자에서 주체자로 바뀌고 하루하루의 날들은 더 아름답게 나를 만들어 간다.

주변 사람들은 글을 쓰는 삶이 얼마나 큰 유익을 주는지 잘 모른다. 우리 요양원에서 얼마 전에 있은 일이다. 나는 말하는 것보다 글 써서 내 마음을 표현하는 것이 더 익숙하다. 요양원 시스템에 대해 조금 불편한 감정들이 있었다. 그 감정들을 말로 하자고 하니 말이 서투른 나에게 내 마음대로 소통의 말을 하기에는 말소리에 감정이 담겼다. 그러나 내가 글을 써서 팀장께 보일 때 나의 안 좋은 감정은 중화되고 글로 쓴 내용을 볼 때 다른 사람도 나에게서 일어나는 감정적 기복을 느낄 수 없다. 나는 글쓰기를 나의 감정을 치유하는 도구로 본다. 글을 쓰기에 자신의 감정을 되돌아보고 치유할 수 있다. 글 쓰는 삶을 살기 전에는 나의 감정은 있는 그대로 다른 사람에게 전해졌다. 그것을 자신의 타고난 성격이라고 고칠 수 없다고 생각했다. 그러다 보니 다른 사람에게 알게 모르게 상처를 줄 때도 많았다. 내 마음은 다른 사람에게 상처를 주려는 의도가 없었는데 상처를 받았다고 한다. 가까운 사람일수록 더 많은 상처를 주고받았다.

지금은 글을 쓰면서 자기 내면의 감정을 중화시킨다. 자신의 마음을 한 번 더 돌아보고 생각 한번 더하여 공격적인 감정들이 점점 수그러들고 마음에 고요함이 대체하여 주변 사람들과의 모순도 점점 적어지고 있다. 글을 쓰고 자신의 마음에 고요함을 두는 것, 자신을 고요하게 만들어 가면 내가 바라보는 세상도 고요해진다. 자신을 바꿔 가니 세상도 나에게 알맞은 세상으로 변화되면서 점점 더 살만한 세상으로 느껴진다. 세상은 우리의 내면 투사이다. 자신을 아름답게 보고 사랑스럽게 보면 세상도 아름답고 사랑스럽게 보인다. 내면에 고요함을 품은 사람은 직장에 많은 일들 속에서도 동료와 잘 지내고 좋은 인간관계를 가진다. 모든 삶이 다 이어지고 연결된다. 자신을 고요함 속에 놓기 위해서라도 나는 매일 남의 글이든 내 글이든 쓴다. 글을 쓰다 보니 자신의 감정을 드러내고 확인하고 교정하게 된다. 지금 자신을 고요하게 만드는 과정이지만 나는 이 과정을 즐긴다. 이 과정들을 겪고 나면 나는 더 이상 날뛰는 야생마가 아니라 길든 순한 집

말이 되어 간다. 자신의 감정에 더 이상 상처를 받지 않고 다른 사람에게도 상처를 주지 않을 수 있다.

글을 쓰는 삶은 우물 안만 바라보던 우물 안 개구리에게 우물 밖을 보는 시야를 선물했다. 우물 안 개구리 같은 나는 어느덧 세상의 넓고 다채로움을 보았고 더 많은 것에 도전할 용기를 가지고 있다. 책 쓰기를 하고자 했던 그 용기 하나만 가져도 나의 삶은 도전할 수 있는 용기로 충분하였고 무엇이든지 밀고 나갈 힘이 생겼다. 용기는 자신을 일으켜 세워주고 움츠러든 자신을 바로 세워주고 어깨 펴고 세상으로 나아갈 수 있도록 해준다. 책 1권 쓴 것이 어찌 삶을 바꿀 수 있느냐 하는 사람도 있겠지만 실제 나는 책 1권 쓰고 나서 삶이 바뀌었다. 나를 있는 그대로 바라볼 수 있고 스스로 세워주고 사랑하는 힘이 생겼으며 나로부터 시작하여 이웃을 사랑하는 힘이 생겼다. 자신을 사랑스럽게 바라보자, 창조주가 사랑스럽고 창조주의 다른 피조물이 사랑스럽게 보이기 시작했다. 전체적으로 볼 때 나는 자신을 사랑하는 힘을 책 1권 쓰기를 통해 배워낸 것이다. 직장 다니면시 책 쓰기는 힘들다. 주변 사람들은 직장생활만 해도 힘들고 버거운데 무슨 책을 쓸 시간이 있고 돈도 되지 않는 책을 쓴다며 웃는 사람도 있다. 그러나 책 쓰기의 맛을 알고 깊은 곳에서 그 유익함을 느낄 수 있기에 책 쓰기는 이제 평생의 과제로 남는다. 책을 쓰면서 자신을 성장시키는 힘이 그 어떤 것보다 더 빠르게 자신을 성장시킨다. 자신의 성장을 중요시하는 소규모의 사람들이 〈책성원〉에 모였고 한 사람씩 볼 때 모두가 정말 대단한 사람들이다. 그리고 책을 쓰고 글을 쓰는 같은 목표로 삶을 살아가는 우리는 점점 자신이 번창하고 소그룹이 번창해 가는 것을 지켜보고 있다. 책 쓰기를 놓지 못하기에 책 쓰는 사람들과 소통하고 책 쓰는 환경에 자신을 노출하면서 서로 동기부여 주고받고 서로의 성장을 이어나가며 〈책성원〉의 모든 작가는 자신의 행보에 맞춰 성장하고 있다.

글 쓰는 삶은 책 1권 쓰고나서 실현된다. 내가 책 1권 쓰고나서 글쓰기 매력에 빠졌듯이 당신도 현재 불만인 직장이나 주변이 보인다면 책 1권 쓰기부터 도전해 보시길 권해본다. 불만투성인 세상은 내 마음에 불만 거리와 교만함이 있기에 세상과 다른 사람을 그렇게 부정적으로 판단하게 된다. 불편한 현실은 자신이 안다. 이런 현실을 바꾸기 위해서는 자신부터 바꿔야 한다. 자신을 바꾸는 일이 바로 책 쓰기로부터 시작하여 자기 내면을 되돌아보면서 쓴 책의 내용처럼 살아가고자 하는 의도적 노력도 필요하다. 점점 내가 원하는 사람으로 되어 가는 것을 보면서 책 쓴 것은 내가 제일 잘한 것으로 생각한다. 당신도 가능하다. 내가 책 쓰고 변화되었기에 당신도 책 쓰기에 도전하고 변화할 수 있다. 책 쓰고 글 쓰는 삶이 우리 삶을 더욱 풍요롭게 해준다. 자신의 이익만 좇아가고 수익만 좇아가는 것보다 자기 내면의 성장을 이끌어갈 책 쓰기의 삶이 더 풍요를 만들어준다. 마음의 결핍은 마음의 풍요를 얻어야만 사라진다. 책 쓰기가 마음의 풍요를 갖다준다. 당신도 책 쓰기에 도전하고 풍요로움을 누려보라. 물질적 풍요보다 더 많은 유익을 느낄 수 있다. 나 같은 사람도 했으니, 당신도 할 수 있다.

책 출간으로 자녀에게 롤모델이 되어라

내가 책 쓰기를 하면서 가장 잘했다고 느끼는 순간이 자녀들의 성장을 바라볼 때이다. 책 쓰기를 하는 동안 자녀들은 엄마가 언제나 컴퓨터 앞에 앉아서 무엇인가 끄적이고 필사하는 모습을 보아왔다. 그들은 관심 있는 척 없는 척하지만, 실제는 엄마가 무엇을 하고 있는지 다 보고 있었다. 시간이 지나고 그들은 엄마의 결과물인 책 1권씩 출간하는 모습을 보아왔다. 첫 책 출간이 3년 전인만큼 아이들도 3년 전에 비해 많이 성장했다. 육체적으로나 정신적으로 확실히 성장함을 느낄 수 있었다. 아이들이 꿈을 가지기 시작했다는 것이다. 어릴 때 아이들은 '무엇을 하고 싶냐?'라고, 물으면 대답을 잘 못했거나 수

시로 바뀌었다. 그러나 요즘은 큰아이 고등학교 입학과 더불어 둘째도 자신의 꿈을 정하고 그길로 나아가는 모습이 아름답게 보였다. 막내는 아직 초등학생이라서 꿈에 대해 잘 모르는 것 같지만, 막내에게도 꿈이 있다. 언니들 특성화고에 입학하는 것을 보면서 막내도 '경찰 특성화고'에 간다고 했다. 아이의 그 말을 듣고 나는 금방 전국에 '경찰 특성화고'가 몇 개나 있는지, 어디에 있는지를 검색했다. 막내에 대한 기대감에 설렜다. 그 꿈이 바뀔지는 모르지만, 막내가 그렇게 생각하고 있다고 하니 기특하다. 아이들은 엄마가 꿈을 꾸고 꿈을 이루는 과정을 지켜보았기에 자신들도 꿈을 꾸고 이뤄가려는 마음가짐을 가지게 되었다.

나는 10대 아이 3명의 학부모이다. 10대 아이들이 사춘기라서 보통 집에는 사춘기를 이해하지 못하는 부모가 많다. 아이들과 싸우느라 에너지를 소비하면서 지친다. 나는 책 쓰는 요양보호사로서 꿈을 꾸고 꿈을 이뤄가는 모습을, 평상시 필사하거나 나의 글을 한 꼭지씩 써가는 모습을 자녀에게 보여준다. 내가 꿈꾸는 일에 집중하고 몰입하고 결과물을 만들어 내는 것을 지켜보게 한다. 엄마의 이런 행동에 관심 없는 것 같은 자녀들은 방에서 들어가고 나가면서 엄마가 무엇을 하는지 보고 다니고 묻기도 한다. '엄마, 뭐해' 자판 치는 것을 뻔히 보면서 물어본다. '엄마는 필사한다.' 또는 엄마는 '초고 한 꼭지를 쓴다.' 이렇게 아주 평범하게 건네주는 한마디로 아이들의 삶이 바뀌고 있으니 책 쓰기를 하는 나에게 큰 보람으로 느껴진다. 엄마가 독서하고 책 쓰기를 하면서 자신의 꿈을 하나씩 이뤄 나가니 자녀들도 자신의 꿈을 가지기 시작하는 것 같다. 많은 꿈이 없는 10대들이 부모의 마음에 근심이 되어 가지만, 우리는 자녀의 꿈을 존중하고 꿈을 응원하는 분위기를 만든다. 꿈 없는 10대를 살아보았기에 아이들이 꿈을 갖는다는 자체가 이미 나보다 훨씬 낫고 아름답게 바라볼 수 있다. 나의 고정관념을 버리는 노력을 하면서 아이들의 꿈을 향해 나아가는 아름다운 모습을 바라보면서 자아도취도 한다. 아이들 볼 때마다 감격스럽다. 어찌 아이들이 10대에 자신이 하고 싶은 것을 간직하고 있는지 기특하다.

　사람들은 '부모는 아이의 거울이다.'라고 한다. 내가 꿈 없던 10대를 보냈기에 꿈을 가지라고 다그칠 때도 있었다. 그러나 다그친다고 아이들이 알아서 잘하는 것이 아니다. 오히려 무언의 행동이 10대 아이들에게 좀 더 낫지 않나 싶다. 아이들이 변하기를 바라면서 내가 먼저 변하는 것, 꿈을 가지라고 다그칠 동안 내가 먼저 꿈을 가지고 이뤄가려고 노력하는 모습이 아이의 성장을 이루어간다. 지인 작가도 엄마가 필사하면서 책을 출간하는 모습을 보면서 아이도 책을 몇 권이나 필사했다고 한다. 필사하면서 필사의 유익을 알아버렸고 놓을 수 없는 강력한 무기를 장착하였다. 나는 나에게 유익한 필사와 글쓰기를 아이들에게 강요하지 않는다. 아이들은 나와 개성이 다르다. 그들이 좋아하는 것이 각자 다르다. 나의 방식으로 그들을 옭아매고 싶지 않고 내 생각과 내 방법이 다 맞다고 아이들의 생각과 방법을 바꾸고 싶지 않다. 있는 그대로 아이들을 바라보면서 그저 그들이 자신의 인생 방향을 잘 선택하기를 바란다. 꿈 있는 아이들은 선택하면서 조금만 도와주면 아이들이 자기가 가고자 하는 방향으로 잘 나아감을 알게 되었다. 아이들은 결코 잔소리로 성장하는 것이 아니다. 아무리 내가 낳은 아이이지만 자신의 가치관이 있고 나는 나의 가치관을 그들에게 짐으로 씌워주지 않기 위해 매일 독서를 통해 노력한다. 작가이기에 책을 읽고 글을 쓴다. 독서하기 위해 독서하는 의무적인 독서가 아니라 자기 내면을 성장하기 위하여 주변 사람을, 있는 그대로 받아들이기 위하여, 나의 원석을 갈고 닦을 뿐이다. 생각의 확장과 마음의 긍정이 10대 아이들과 좋은 관계를 이루어가게 한다.

　내가 글을 쓰고 책을 쓰기 전에는 아이들과의 관계가 좋지 않았다. 내가 너무 많이 지쳐서 아이들을 돌볼 힘이 없었다. 그때 우리 집은 지옥이었다. 아이들을 제대로 돌 볼 수 없었고 늘 우울한 마음에 사로

잡혀 있었다. 아이들에게 많은 상처를 주었다. 집에서 행복을 느낄 수 없었다. 살아내기 위해, 힘든 삶을 이겨내기 위해, 삶을 바꿔보기 위해 내 글이든 남의 글이든 필사하면서 책을 쓰기 시작했고 그럼으로써 나는 먼저 나를 돌보는 힘이 생겼다. 자신을 돌볼 수 있으니, 아이들을 돌볼 수 있었다. 그동안 몰라서 아이들에게 잘 대해주지 못한 것들을 후회하면서 아이들에게 용서를 구했다. 자기 계발이 자신을 사랑하는 방법임을 알고 책 쓰기가 자기 계발의 정석일 것을 알았기에 자신을 다스리고 통제하고 아이들에게 좋은 엄마의 이미지로 바꿔가고 있어야 한다. 아이들도 엄마가 지금 자기네와 좋은 관계를 유지하기 위해 노력하는 것을 알고 있다. 요즘은 아이들과의 관계가 점점 좋아지면서 삶이 행복하다고 자주 느낀다. 나의 변화로부터 시작된 아이들의 변화, 남편의 변화, 이 모든 것은 책 쓰기를 통해 가능했다.

이렇게 변화되어 가는 엄마를 보는 자녀들의 관점도 변화하기 시작했다. 그들도 엄마를 이해하고자 하고 점점 엄마를 바라보는 눈도 다르다. 아이들의 눈에도 엄마는 이전처럼 함부로 대하면 안 되겠다는 생각을 가진 것 같다. 엄마를 바라보는 눈이 좀 더 긍정적으로 바라본다. 그전에 엄마는 엄마도 아닌 옆집 아줌마 같았다면 지금의 엄마는 자녀와 재잘거린다. 내가 어렸을 때 제일 바랐던 부분이 아이들과 이것저것 주고받으면서 말하는 부모였다. 엄마 아버지와 별로 재

잘 거린 기억이 없지만 외숙모는 늘 아이들과 함께 대화를 주고받았다. 나는 그런 집이 부러웠지만 처음에는 아이들과 그런 관계를 할 수 없었다. 아이들은 엄마를 피했고 별로 좋게 보지 않았다. 모든 것이 내가 그렇게 아이들을 대했기 때문이다. 서로 경직되어 엄마와 아이의 관계는 안 좋았고 서로 피하는 관계였다. 그러나 내가 변화된 지금의 관계는 아이들이 자신의 작은 일들을 엄마인 나에게 얘기해주고 있다는 점이다. 아직도 서로 간에 보이지 않는 벽이 있지만 조금씩 개선되어 가는 관계가 좋다고 느껴진다. 글 쓰고 책 쓰기를 하는 지금 나는 내 삶에 제일 행복한 시기임을 안다.

책 출간하고 자녀에게 롤모델이 되길 권한다. 꿈을 꾸는 엄마를 보면서 아이들도 꿈을 가진다. 그런 자기 모습이 아름답다는 것을 알게 된다. 엄마인 나는 나의 꿈인 평생 책을 쓰고 글을 쓰고 싶다는 꿈을 꾸고 실천하고 이뤄가며, 아이들은 자신이 좋아하는 꿈을 꾸고 이뤄가는 데 집중하길 바란다. 서로 각자 자신이 원하는 것에 집중하다 보면 자녀는 자기들의 꿈을 이루고 엄마는 엄마의 꿈을 이루어 먼 훗날, 각자 성공한 자리에서 부모와 자식으로 만난다. 지금을 소중히 여기고 자기 꿈을 위해 노력하는 엄마가 되기 위해 나는 이 새벽에도 자판을 두드리며 필사와 내 글 한 꼭지를 쓰고 있다. 이 책을 읽고 있는 독자에게 만약, 10대의 자녀가 있다면, 엄마가 먼저 꿈을 꾸고 꿈을 이루기 위해 노력하길 바란다. 그 노력은 자녀들에게도 그대로 옮겨질 것이라 믿는다. 책 쓰며 꿈을 안고 살아가는 삶이 진정으로 아름다운 삶이다.

책 쓰기를 멈추지 않는 진짜 이유

밖에는 크리스마스 분위기로 길거리마다 반짝거리고 예쁜 트리며 장식으로 곳곳에 생기를 불어넣는다. 반짝이는 불빛을 보면서 기분이 묘하게 좋아진다. 어둠에 있을 때는 그런 빛들이 이쁜 줄 몰랐지만, 어둠에서 벗어나 보니 모든 것들이 눈에 새롭게 들어온다. 예쁜 들풀꽃, 멋진 하늘의 구름, 그리고 감동적인 책 속의 구절, 하나라도 기억에 남기고 싶어서 사진 찍고 기록하고 삶에 저장하기도 한다. 요양보호사로 근무하면서 어르신들을 볼 때 나는 기억을 믿을 수 없음을 인지한다. 어떤 기억은 그들이 추억거리로 기억하지만, 그 기억을 기록하고 저장하지 않으면 내가 죽은 후에도 나의 흔적은 아무것도 없어질 것임을 너무 잘 안다. 되도록 삶을 기록하고자 하는 강한 욕구는 책 한 권 출간 후부터 시작되었다. 그전 무의미했던 삶을 정리해 보면서 인생 2막은 의미 있는 삶으로 살려고 하는 나의 노력이다.

매일 새벽마다 자신과의 싸움을 시작한다. 알람 소리에 이불을 차고 일어날 것인가? 이불속에 묻혀 있을 것인가? 나는 알람 소리에 벌떡 일어나는 습관이 있다. 나의 소중한 하루를 내가 주체하는 시간으로 보내기 위한 노력이다. 새벽 4시 30분 알람이 울린다. 밖은 캄캄하고 날이 밝을 것이라는 희망으로 가득 찬다. 오늘은 어떤 책의 내용이 나를 변화시켜 줄지 궁금하기도 하다. 또 필사 외에도 나는 초고 한 꼭지를 쓰기를 원한다. 남편은 '왜 돈도 안 되는 글을 계속 쓰냐?'라고 한다. 나는 지금은 베스트셀러 작가가 아니고 내가 책을 쓰는 것으로 돈을 벌지 못하지만 나는 내 삶을 기록하고 싶은 욕구가 있다. 돈 벌려고 책을 쓰는 것이 아니다. 책을 쓰므로 나는 하루 살아갈 에너지를 얻는다. 쓸 초고가 없다면 나는 남의 글이라도 한 꼭지를 쓰는 것으로 나를 위해 하루를 준비한다. 자신에게 투자한 시간이 나의 시간이고 어제의 나보다 더 멋진 오늘의 나로 만들어 가는 시간이다. 책 한 권 출간하고 나서 계속 책을 쓰고 싶다는 욕구는 나의 가슴에 계속 삶을 살아가야 할 동기를 불어넣어 준다. 평생을 기록하고자 하는 욕망에 충성하고 한 사람에게라도 내가 쓴 글이 도움이 되기를 바라는 마음에서 지금까지 계속 글을 쓰고 있고 이 글을 평생 쓰고 싶은 마음이다.

책을 쓰면서 내 정체성을 재정립하고 '할 수 없다'의 이미지를 '할 수 있다'의 긍정적 이미지로 바꾸는 과정을 누리고 있다. 잘못된 관념과 고정관념으로 빛이 나고 풍요롭게 살아야 할 내가 좌절하고 자신을 잊어가면서 살아가는 삶이 싫어서 자신을 매일 원하는 사람으로 만들어 가기 위해 노력을 하고 있다. 책 쓰기를 하고 나서 내 안에 나도 몰랐던 능력들이 숨겨져 있음을 알게 되었고 그 숨겨진 능력들을 하나씩 계발 해나가는 지금의 삶이 행복하다. 다른 사람들에 비하면 아직 책 쓰기가 매우 서툴다. 그러나 책은 쓰면 쓸수록 더 잘 써짐을 안다. 반복적인 행동이 습관이 되어 날마다 쓰는 삶을 살아가는 나에게 쓸수록 새 힘이 생긴다. 사람들은 또 나를 보면서 직장생활 하기만도 하루가 버거운데 어떻게 책까지 쓰냐고 하지만 나는 버거운 하루를 살아내고 이겨내기 위해 책을 쓴다. 지금 한순간, 그리고 하루를 잡고 싶고 내 생명을 불타오르게 할 것이다. 물론 책을 쓰지 않는 사람도 하루를 불타게 정말 자신의 자리에서 최선을 다하는 사람도 많다. 나는 나의 하루가 성공적인 하루였으면 좋겠다고 생각한다. 하루 중 만나게 되는 사건과 상황, 주변 사람의 말, 이런 것에 흔들리지 않고 오로지 나만의 하루를 살고 싶은 것이다. 오늘을 성공한 사람은 성공한 인생을 살아간다.

"오늘을 성공한 사람처럼 살자" 내 핸드폰에 배경 화면으로 설정해 놓았다. 핸드폰 볼 때마다 오늘을, 최선을 다해 후회 없이 살아가기를 바란다. 그 시작이 책 쓰는 요양보호사로서의 출근 전 한 꼭지 쓰는 것이다. 그리고 출근해서 내가 가장 원하고 되고 싶은 하나님의 자녀답게 살아서 그들 속에서 살아계신 하나님을 바라보는 것이다. 어찌 보면 세상 사람들은 나를 바보라고 생각할 수 있다. 요양보호사 대부분은 퇴직하거나 50대 중후반으로 일할 곳이 없을 때, 이 직업을 하는 편이 좋다고 보는 사람들이 많다. 나처럼 40대에 요양보호사 하는 사람을 보면서 왜 아까운 나이에 공장 다니면 돈도 더 많이 벌 수 있는데 추잡하고 더러운 요양보호사 일을 하는지 그들은 의심한다. 그들은 내가 무엇을 바라는지 모른다. 나만 알고 있다. 가끔 주변 환경에 휘둘릴 때 내가 자신에게 질문한다.

'나는 왜 요양보호사를 하는가? 요양보호사 말고도 다른 수많은 일들을 할 수 있을 텐데?'

이 질문은 나의 현재 위치가 어디고 어디로 가는지 확실히 가르쳐

준다. 내가 3년 정도 요양보호사 일을 하면서 책 쓰기를 놓지 못하는 이유가 있다. 요양보호사 일을 하면서 나는 인생 첫 책부터 시작해서 몇 권의 책을 출간했고 책 출간은 어느덧 요양보호사의 경력과 비슷한 연차를 자랑한다. 그 사이 나의 변화는 늘 책을 쓰는 것으로부터 한 단계 더 성숙하고 발전한다. 아직도 내가 바라는 사람이 되지 않았지만 나는 낮아지고 겸손하고 나를 더 빛내도록 자신을 낮추고 타인을 높이는 연습을 하고 있다. 아무것도 스스로 할 수 없는 어르신이건만, 또 치매로 생각이 오락가락하는 어르신이건만 그들을 인간으로, 나를 창조한 창조주의 다른 한 피조물로 보기를 원한다. 그들을 인간 대 인간으로 대하기를 원한다. 이런 마음은 물론 주기적으로 하는 교육의 영향도 받지만 중요하게는 내가 세상의 끝에 있는 어르신을 대하고 죽음을 바라보는 마음이 아닐까 싶다. 요양보호사 일을 하면서 '죽음'을 늘 생각한다. 이전에는 그저 어떻게 살 것인가만 생각했지만 지금은 '어떤 죽음을 해야 잘 살았다고 할 수 있을까?'라는 질문을 더 많이 한다. 어르신에게 어떤 대가를 바라지도 않고, 온전히 있는 그대로 스스로 아무 일도 할 수 없는 어르신을 사랑으로 받아들일 수 있을까? 나를 사랑하고 어르신을 사랑하는 것이 나 자신과의 싸움이고 도전이다. 그러나 현실은 육체적으로나 정신적으로 지친다. 내 몸 사리지 않고 열심히 뛰어보니 몸이 아프고 몸을 사리니 마음이 아프다. 육체의 한계 속에서 불만을 품는 나 자신을 바꾸고 불만 거리인 현실을 감사함으로 받아들일 수 있는 것이 나의 인생 목표이다. 처음에는 그저 다른 사람이 나를 있는 그대로 바라봐 주고 받아 주기를 원했다. 그러나 내가 받고자 할 때 나는 그것을 받지 못했다. 현재는 어르신을 있는 그대로 바라보고 받아주고 사랑하므로 내 자신을 있는 그대로 바라볼 수 있었다.

요양보호사 3년 차에도 여전히 책 쓰기를 멈추지 않는 이유가 확실히 있다. 요양보호사 일을 하면서 책을 쓰는 일은 쉽지 않다. 사람들은 요양보호사 일을 하면서 무슨 책을 쓰냐? 하지만 책을 쓰므로 나의 삶을 되돌아 보고, 나의 꿈을 이루는 방법을 배웠다. 책 쓰기는 삶에 새로운 의미를 부여하고 끊임없이 자신을 계발하고 성장시킬 수 있다. 책 쓰기를 통해서 요양보호사의 삶을 세상에 전하고 그 감정의 변화와 이루어 가는 성장을 세상에 전할 수 있다. 책 쓰기는 나에게 희망을 주었고, 삶의 목표를 제시해 주었다. 나의 경험을 통해 다른 사람들에게 희망을 주고 싶고, 끊임없이 배우고 성장하며 나의 꿈을 향해 나아가고 있다. 당신도 나처럼 책을 통해 당신의 삶을 더욱 풍요롭게 만들고, 세상에 당신의 목소리를 전달할 수 있다. 지금 바로 당신이 책을 쓸 차례다. 이 책을 읽는 당신도 책 쓰기의 즐거움을 경험하고, 꿈을 향해 나아가는 용기 얻기를 바란다. 함께 책 쓰고 성장하고 나 자신을 바꾸고 세상을 바꿔가자.

책 쓰기, 부러워하지 말고 필사부터 시작해라

요즘 SNS에서 필사를 주제로 한 피드를 많이 볼 수 있다. 손 필사, 자판 필사, 여러 가지 필사 방법이 있다. 많은 사람이 필사의 유익한 점들을 받아들였는지 잘 모르겠지만 필사하는 사람들이 많은 것이 사실이다. 필사에 관하여 나도 《나의 삶을 바꾸는 필사 독서법》, 《필사 POWER》 등 책들을 출간했다. 비록 공저이지만 필사를 통해 삶이 바뀌었고 그냥 하던 독서가 책을 쓰기 위한 독서로 바뀌는 모습을 충분히 보여준다. 처음에 평범한 내가 내 이름으로 책을 출간할 수 있었던 것도 필사하였기 때문이라고 생각한다. 먼저 남의 글을 쓰고 내 글도 쓸 수 있었다. 지금도 내 이름으로 된 책을 쓰려면 부러워하지 말고 필사부터 시작하면 가능하다.

　많은 아이가 16~17세일 때 별로 꿈을 갖지 못한다. 물론 나는 40대에 꿈을 가지기 시작했다. 나보다 아이들은 훨씬 더 똑똑하다. 평범한 내가 책을 쓰면서 자신을 성장시켰고 내가 변화되므로 주변이 변하는 것을 볼 수 있다. 우리 집에서도 내가 바뀌어 가니 자녀들도 바뀌어 가고 남편도 바뀌어 갔다. 매일 필사하는 나를 보면서 큰아이와 둘째 아이도 자신의 꿈을 이루기 위해 노력하는 모습이 보인다. 큰아이는 바이오 마이스터고에 입학했고 그 학교에서 1년 동안 공부를 하면서 자기 적성에 맞지 않는다고 자퇴한다고 했다. 처음에 그 말을 들었을 때는 하늘이 무너지는 것 같았지만 큰딸은 나름대로 자기의 인생을 위하여 새로운 계획을 세웠고 자신이 기뻐하는 길을 가고자 했다. 부모의 마음은 최소 고등학교까지는 졸업하는 것이지만 자녀의 인생은 자녀가 스스로 책임져야 한다. 아이의 새로운 결정을 존중하고 아이의 가는 길을 응원해 주었다. 둘째 아이는 자신이 조리하는 것을 좋아하기에 조리 과학고에 입학하려고 한다. 현재 중3이지만 고등학교 입학 전까지 조리 기술 자격증 필기에 합격하려고 매일 같이 열심히 공부하는 모습을 보면서 마음속으로 뿌듯하다. 아이들이 이렇게 자기 주도 학습을 할 수 있는 것은 엄마인 내가 책을 쓰는 꿈을 꾸고 그 꿈을 이루기 위하여 노력하는 모습과 또 노력한 결과로 출간하는 과정을 지켜보았기 때문이라고 생각한다. 아이들도 자신이 원하는 것을 생각하고 이루기를 간절히 바란다. 따라서 그들도 결과를 이루는 과정을 배워 가는 것이다. 평범한 내가 인생 첫 책 《새벽 독서의 힘》을 출간하고 나서 주변 사람들이 많이 부러워했다. 직장생활만 해도 힘들고 어려운데 어떻게 책까지 써낼 수 있냐고 부러운 눈길을 보내준다. 그러면서도 자신이 살아온 날들을 책으로 쓰면 책 한 권은 써낼 만큼 산전수전을 겪었다고 한다. 물론 그 기억을 풀어나가고 글을 쓰면 책이 되지만 많은 사람은 시도하지 못한다. 글 쓰는 것은 전문 작가나 하는 일이라고 생각하며 아예 처음부터 마음이 위축된다. 책을 출간해 보니 나는 알게 되었다. 책 쓰기는 타고난 재주가 있어서 써내는 것이 아니라, 책을 쓰고자 하는 간절함이 있어야 써낼 수 있다는 것이다.

삶에 만족할 수 없었던 시기에 꽂혀버린 '책 쓰면 삶이 바뀐다'라는 한마디 말에 홀린 듯이 책 쓰고자 간절히 바라는 마음을 계속 발전시켰다. 간절히 바라는 마음에 '제자가 준비되면 스승이 나타난다'는 말을 알게 되었다. 그때 나는 책 쓰기 멘토를 만났고 그는 나에게 필사부터 시켰다. 처음 해본 필사는 내 마음을 사로잡았다. 여러 가지 이벤트가 있어서 그 이벤트에 참여하고 멘토 작가의 책을 연달아 몇 권 필사했다. 필사의 매력에 빠져서 짧은 시간에 몇 권의 책을 통 필사하면서 책 쓰기 코칭 받을 때 많은 혜택도 받았다. 몇 권의 책을 필사하니 나도 내 이름으로 된 책을 출간할 수 있을 것 같았다. 행동이 자신감을 불러일으키는 것이다. 그때부터 나의 독서는 필사 독서가 되었고 책을 쓰기 위한 독서가 되었다. 매일 남의 글이든 내 글이든 써서 글 쓰는 몸으로 단련시켰고 마음을 작가의 마음으로 채웠다. 몸과 마음이 작가로 채워지니 삶이 작가의 삶으로 변해갔다. 새벽 루틴이 만들어졌고 하루의 시작은 남의 글이든 내 글이든 쓰는 것으로 시작되었다. 새벽 귀한 시간을 오로지 나를 위한 시간으로 나 자신을 돌본다. 자신을 돌보니 삶에 하고 싶은 것들이 많아지면서 꿈꾸고 도전하고 실천하고 이뤄내고 하는 과정이 나를 살게 했다. 나는 지금도 휴무인 날에는 시간을 만들어서 필사하고 있다. 쓰고자 하는 책의 목차가 있다면 책 한 꼭지를 쓰려고 계획하지만, 그 외에는 필사를 많이 한다.

아직도 필사에 가슴이 메말라 있다. 필사하고자 하는 책을 보면 하루에 몇 시간이라도 필사하고야 만다. 필사하는 것이 재미있고 세상의 소음에 나를 휘둘리게 하지 않는다. 나만의 고요함에 들어가서 자신을 되돌아보고 필사를 통해서 아이디어를 얻기도 한다. 그러면 다음 꼭지의 글을 그 아이디어로 쓸 수 있다. 필사하니 유익한 점이 너무 많기에 나는 필사를 멈출 수 없다. 꼭지 글을 쓰지 않을 때도 마음과 몸을 작가의 몸으로 만들어 놓는 것이 유익하다. 글 쓰는 몸에 익숙하지 않으면 금방 잊어버리고 다음 글을 쓰려면 더 힘들다. 글을 쓰면 쓸수록 기술이 늘어나고 견해도 바뀐다. 그 때문에 내 이름으로 된 책을 쓰려고 계획한다면 부러워만 하지 말고 필사부터 시작해야 한다. 필사가 뭐 그리 대단한가? 남의 글을 베끼고 모방하는데 무슨 창조의 힘이 있는가? 하지만 필사는 위대하다. 아무것도 할 수 없는 사람이 필사를 통해서 아무것도 할 수 있는 사람으로 바뀔 수 있다. '할 수 있다'의 마음가짐은 어떤 일에도 도전할 수 있고 도전한다는 것은 새로운 세상을 만나는 것이다. 내가 알던 기존의 세상과 다른 세상이 있으며 기존의 고정관념이 깨어져야만 새로운 관념들을 받아들일 수 있고 우리는 전보다 더 나은 성장을 할 수 있다. 성장을 하는 것은 사람의 본능이다. 간단하면서도 아무 부담 없는 필사가 사람을 성장하게 만든다.

　필사하고 책을 쓰면서 시간의 우선순위를 깨닫는다. 살면서 많은 여러 가지 일들이 동시에 발생한다. 우리는 그때 판단을 잘해서 우선순위를 잘 알고 해야 할 일을 잘 선택할 수 있다. 요양원에 요양보호사 일을 하면서 우선순위가 상당히 중요하다. 어르신 여러 명이 동시에 움직일 때 빠른 판단을 내려 낙상 우려가 큰 어르신부터 우선으로 도움을 드려야 한다. 우선순위가 잘못되어지고 사람을 잘못 선택한다면 낙상사고를 일으킬 수 있다. 어디까지나 자기 책임감이 있지만 그래도 일의 우선순위를 아는 것이 좀 더 안정적으로 어르신을 도울 수 있다. 살면서 우선순위를 아는 것은 자기 계발에도 많은 도움을 준다. 온라인이 발전하면서 많은 것을 배울 기회가 있다. 도대체 어떤 것을 배워야 할지 고민할 때 우선 나에게 맞는 것을 배우는 편이 훨씬 낫다. 직장 다니면서 나에게 맞는 것을 배우면 배우는 시간도 단축할 수 있고 경험과 이론이 결합하여 업무상 더 나은 나를 만들어 간다. 새벽마다 이어지는 필사 독서는 내 생각을 더 넓게 자유롭게 이끌어 간다. 제한된 환경에 자신을 얽매이지 않고 어제보다 더 나은 나를 발견해 간다. 어르신의 반복적으로 무시하는 행위도 더 이상 나를 스트레스 속에 가두지 못한다. 요즘 내가 필사하는 책이 있다. 이 책은 성경만큼 두껍고 얇은 종이로 되어서 내용이 방대하다. 1년 넘게 필사하는 책으로서 나의 진정한 자아를 깨달아 가는 데 큰 도움을 준다. 나는 매일 새벽하는 필사를 통해 나의 마음 갈등을 알고 인정하고 연습하여 마음을 새로 잡는다. 오랫동안 하는 필사라서 끝까지 가는 힘을 키우고 있다. 포기하고 싶은 유혹도 있을 때가 있다. 그러나 포기하지 않고 이겨내는 연습을 하고 있다. 필사하고 책을 쓰는 과정을 통해 자신의 감정을 다스리고 통제할 수 있을 때 우리는 승리자가 되는 것이다.

책 쓰기 부러워하지 말고 필사부터 해라. 나는 요양보호사 일을 하면서 힘든 시간을 보내고 있지만, 책 쓰기를 통해 긍정적 에너지를 얻는다. 그 긍정 에너지가 힘들게 하는 현실 속에서 나를 빛나게 이끌어 준다. "책 쓰기 부럽다고?" 그렇다면 당장 필사부터 하라고 권한다. 필사는 나에게 생명을 연장해 주는 산소호흡기 같은 존재이고 나를 살아가게 한다. 필사는 읽기와 쓰기를 동시에 하는 것이기에 책 쓰기에 마법 같은 효과가 있다. 책을 써보지 않은 사람에게 책 쓰기는 처음에는 다 서툴고 어색하다. 꾸준히 필사하다 보면 단순한 베껴 쓰기를 넘어 내 생각과 경험과 노하우를 정리하고 그것을 다른 사람에게 도움을 줄 수 있도록 활짝 펼칠 수 있다. 필사를 통해 몸이 글을 쓰는 몸으로 훈련되고 생각이 정리되고 삶을 바라보는 시각이 바뀐다. 지금, 이 글을 읽고 있는 당신도 필사를 통해 자신만의 글쓰기 여정을 시작해 보길 바란다. 당신도 인생 첫 책을 출간하고 평생 책을 출간하면서 힐링하고 성장하는 삶의 시스템 속에서 항상 행복하길 바란다.

3장

써보지도 않았는데 못 쓴다고 하지 마라

—

최정님

왜 진작, 책 쓸 생각을 못 했을까?

'왜? 진작, 책 쓰기를 생각 못 했을까?'

책 쓰기, 생각만 해도 마음이 설렌다. 온 마음이 글쓰기로 향한다. 어떻게 쓸 것인지, 어떤 마음을 글에 담을지, 어떤 메시지로 마무리 지을지, 생각하고 또 생각한다. 우리 삶의 모든 것이 글감이라는 사실을 나는 글을 쓰기 시작하면서 알게 되었다. 나는 글쓰기를 통해 내 삶을 생각하기 시작했다. 의미 있는 삶을 찾아 찰나의 순간에 느낀 감정을 글로 남기고 있다. 책을 쓴다는 생각을 해본 적이 없었던 나였다. 작가와 거리가 먼 사람이라 생각했기에 내 눈에 작가는 그저 신기하고 특별한 사람이었다. 나는 아주 평범한 사람이다. 아내로서 남편을 내조하고, 엄마로서 자녀의 교육과 양육을 위해 힘썼다. 현재보다는 미래의 삶을 생각하며 미리 걱정하고 고민했다. 육체적인 건강을 유지하기 위해 우리는 운동하고, 균형 잡힌 식사와 영양제를 챙긴다. 하지만, 정신적, 정서적으로 어떤 노력을 하면서 사는지 궁금하다. 나는 살면서 보이지 않는 정신, 의식이 중요하다고 늘 생각한다. 정신적인 독립이 되어야 주도적인 삶을 살 수 있기 때문이다. 노력해야 한다. 그런 이유로 나는 독서를 생활화하고 있다. 꾸준하게 가랑비 옷 젖듯이 읽었다. 늘어가는 책 권수로 위안이 되었고 만족했다. 아이들 교육에 도움이 되고 싶었다. 하지만, 권수에 의존하는 독서는 깊이가 없었고 삶에 온전히 적용하지 못했다. 긍정적인 영향을 미치기에 부족했다. 읽는 자체로 만족했던 것이 아닐까? 생각한다. 독서에 대한 갈증을 느끼고, 이 감정이 채워지지 않았던 이유를 생각했다. 그리고, 그 이유를 알게 되었다. 내가 그동안 해왔던 독서는 수박 겉핥기식 독서, 수량 채우기 급급한 독서였다. 방법이 틀렸다는 것을 뒤늦게 깨달았으며, 내면의 변화를 이끈 인생의 기회가 나에게 찾아왔다.

친구는 작가이다. 우연이 필연이 된다더니, 어느 날, 친구가 건넨 말이 나에게 새로운 삶을 살게 했다. 친구가 운영하는 플랫폼 〈책성원〉에서는 자판 필사, 새벽 기상, 글쓰기, 감상 글 인증하기, 등 같은 일을 수없이 반복하면서 소속 회원들의 글 쓰는 기량을 키우고 있었다. 책도 출간한다. 사회생활과 가정에서의 역할을 충실히 병행하면서 가능하다고 한다. 하지만, 나는 남의 일처럼 대수롭지 않게 무심하게 들었다. 친구가 "너도 〈책성원〉에 들어와 봐." 나는 제안을 받아들였다. 한동안 작가들의 카톡 대화에 직접 참여하지 않고, 눈으로만 보았다. 내가 본 작가들의 꾸준한 실행력에 감탄했다. 열의가 대단했다. 자신을 위해 시간을 투자하는 모습이 나에겐 없었기 때문이다. 그 사람들은 시간이 흐를수록 성장했고 특별해 보였다. 수동적인 참여와 적극적인 참여의 거리를 줄이려면 서둘러 마음의 결단을 내려야 했다. 잠재된 가치에 눈을 뜨게 만드는 소박하지만 대단한 일이라는 것을 깨닫게 되었다. 친구가 필사와 글쓰기를 권한 이유였다. 자판 필사를 시작했다. 포기하지 않는다면 나는 무엇이든 이룰 수 있다고 생각한다. 매일 같이 필사하고 글을 쓰면서 나는 달라졌다. 안정적인 내면을 가진 사람으로 변화하기 시작했다. 수박 겉핥기식 독서에도 많은 변화를 주었다. 사유하는 법을 익히고, 삶에 적용하며, 통찰력을 기를 수 있는 저력이 조금씩 생기기 시작했다. 어떤 것으로 대체될 수 없는 최고의 기회, 글 쓰는 삶이 시작되었다. 글쓰기, 빨리할수록 자신에게 득이 된다, 지금, 나에게 누군가가 너는 어떠냐고 묻는다면, 나는 글 쓰는 일, 책 쓰기 도전을 잘했다고 생각하고, 글 쓰면 기쁨이 솟아나고, 행복해진다고 말한다. '왜 해야 하는가?'라는 질문 대신 '꼭! 해야 한다.'고 강조하고 싶다. 나는 나를 쓰는 작가이다. 나 자신에게 새로운 정체성을 부여하고 내면 깊이 충만함으로 채우는 것을 글을 쓰며 실행한다. 생각이 머무는 곳, 바로 그것이 내 삶이며 글을 쓰며 멋진 인생을 그리게 될 것이다.

자판 필사를 첫 번째 행동 강령으로 하는 〈책성원〉의 목표는 책을 쓰면서 성장하고 원하는 삶을 사는 것이다. 이때, 개인의 성장은 사회의 성장으로 이어진다. 모임의 리더이자 멘토는 N 작가이다. N 작가는 사람들에게 자판 필사를 권했고, 남의 글부터 쓰면서 성장하고 본인의 글쓰기도 할 것을 독려했다. 철저한 사명감을 가지고, 글 쓰는 사람이 세상에 많아지기를 간절히 바랐다. N 작가는 선한 영향력을 끼치며 살고 있다. 자판 필사에 임하는 마음이 특별했다. 나는 그 친구를 '자판 필사 전도사'라 말한다. 예전에, 친구가 작가가 되어 책을 출간했다는 사실이 믿어지지 않았고 신기했다. 친구의 흔들림 없는 단단함과 자신감이 부러웠던 적이 있다. 글을 쓰면서 단단해진다는 것을 내가 글을 씀으로써 알게 되었다. 단단함은 글쓰기의 효과였다. 친구의 내공은 오랜 시간 목표를 세워 달성하고 끊임없는 연습과 노력이 뒷받침된 결과였다. 친구의 권유는 나를 필사하게 했다. 필사는 친구의 책 《내 인생 첫 책 쓰기의 비법은 필사이다》 부터 시작했다.

친구 따라 나도 멋모르고 강남 갔다. 친구가 작가이듯 나도 책 쓰고자 하는 욕망이 생겼다. 친구의 책을 필사하면서. 내가 왜 글을 써야 하는지, 책을 써야 하는 이유를 깨달았다. 책 속에 펼쳐진 내 친구 이야기 때문이었다. 우리는 같은 고등학교 같은 반에서 만났다. 필연이다. 만남부터 지금까지 연락 끊긴 적 없이 살았다. 그렇다 해서 친구가 살아온 삶의 과정과 배경, 살면서 겪었던 수많은 일을 잘 알지는 못한다. 친구의 책을 필사하면서 그때야 비로소 친구의 참모습을 알게 되었다. 나는 생각했다. 친구처럼 내 삶의 가치관, 인생관과 경험을 통해 체득한 많은 것을 글에 녹여 보고 싶었다, 그리고, 이런 삶을 사는 사람, 어떻게 살아가는지, 어떤 생각을 가지고 삶에 임하면 행복한지, 그 많은 사실을 알려주고 싶었다. 사람의 정신은 사라지지 않는다고 한다. 나만의 생각과 삶을 고스란히 남길 수 있는 유일한 길, 바로 책이었다. 글은 살면서 겪은 수많은 이야기와 메시지를 진득하게 녹여내게 만든다. 내가 나를 찾게 만들고, 나를 정확하게 알게 하는 지혜로운 방법 중 으뜸이다. 지금 나는 어떨까. 친구 덕분에 자판 필사를 접했고, 삶의 순간을 글을 쓰면서 책을 출간하는 삶을 살고 있다. '작가'라는 호칭이 맞지 않는 옷처럼 부담되었지만 '작가'라는 호칭에 합당한 사람으로 거듭날 것이라고 믿는다. 먼저, 나의 과거를 돌아보고 반성하고, 어떤 사람으로 살아가는 것이 옳은지, 어떤 삶이 타인들과 살면서 선한 영향력을 끼칠 수 있을지 생각했다. 그리고, 행동하며 가치를 나누며 살아갈 것이다. 친구의 권유로 시작된 새로운 나의 삶이 기대된다. 하고 보니, 왜, 진작 글 쓸 생각을 하지 않았는지, 글을 쓰지 않고 보낸 시간이 몹시 아쉽다. 이젠 나에게 글쓰기가 생활이고 삶이 되었다. 소중하고 가치 있는 삶이다. 삶을 나누고 삶을 오롯이 바라보며, 내 삶의 소중한 순간을 쓰고 있다. 작은 것의 실천으로 나의 삶을 완전히 변화시킨 글쓰기를 권하지 않을 수가 없다.

"간절하면 이룬다."

십몇 년 전, 나는 인생의 대격변을 겪었다. 안정된 직장을 접고, 삶의 터전인 아파트를 담보로 대출까지 받아 사업을 시작했다. 월급자로 살던 사람이 사업한다는 것은 대단히 부담스러운 일이다. 그 부담으로 인해 남편은 갑자기 달라졌고 아팠다. 당시, 첫째는 고등학교 1학년, 둘째는 중학교 2학년, 막내는 초등학생 갓 입학했을 즈음이다. 아이들은 모두 어렸다. 그리고, 나는 평범한 전업주부였다. 사회 경험이라고는 결혼 전, 1년 동안 했던 직장생활이 다였다. 당시 경험이 부족했던 내가 져야 할 부담감은 이루 말할 수 없을 정도였다. 평범하던 삶이 하루아침에 뒤집힌다는 표현이 맞을 정도도 극과 극의 상황이었다. 어리둥절 무엇을 먼저 해야 할지 막막했다. 간절함이 목 끝까지 치달을 때, 나는 상황이 더 힘들어지면 더는 참을 수 없을 것 같았고, 삶조차도 포기할 수 있겠다는 생각이 들었다. 평범하지 않았던 나의 시간, 나는 불안했고 비참했다. 동트기 전, 칠흑 같은 어둠이 나를 감싸고 있었다. 많은 생각과 번뇌와 고민에 쌓여 지냈다. 온 힘을 다해 버텼고 견디면서 살아야 했다. 삶을 나는 양면성의 연속이라고 생각한다. 그 양면성에서 어느 쪽에 서서 생각하느냐에 따라 삶의 끝은 완전히 달라진다는 사실을 시간이 지난 다음에 알게 되었다. 특히, 어려울 때일수록 옳은 선택이 무엇보다 중요하다. 좋음과 나쁨, 밝음과 어둠, 기쁨과 슬픔, 등 양면성의 삶 속에서 나 자신이 어느 쪽에 시선을 두느냐에 따라 결과는 180도 달라지기 때문이다. 매 순간 선택해야 한다. 나는 긍정적인 쪽에 온 정신을 쏟았다. 어느 순간, 번뜩이며, 나의 뇌리에 스치며 삶의 목표가 생겼다. 감당할 수 없었던 내 삶에서 아이들의 미래와 현재의 불편한 상황이 보이기 시작했다. 간절한 기도가 절로 나왔다. 무엇이든지, 아이들을 지켜야 한다는 생각이 뇌리를 떠나지 않았다. 아이의 장래에 어떻게 하면 도움 될지 궁리했고 그 방향에 발맞춰 행동했다. 부모는 사과나무를 심고, 아이는 그 사과를 먹으며 살아간다고 한다. 사과가 풍성하게 맺으려면 나무는 단단하고 튼튼해야 한다. '튼튼한 나무는 어떻게 만드는가?' 생각했다. '하늘은 스스로 돕는 자를 돕는다.'라는 말을 신뢰한다. 선하게 살면서 낮은 자리에 서서 행동하고 매사에 덕을 쌓아보고자 다짐했다. 가장 기본의 삶을 살기로 작정했다. 부모로서 책임을 다할 것이라는 목표가 생겼다. 그 목표로 나는 내 삶을 향한 의지와 열망과 열정을 불태우듯 살았다. '엄마의 마음'을 생각했다. 엄마는 마음이 없다. 아이들을 향한 마음 하나뿐, 그것은 '숙명'이라 생각했다. 그때부터인가. 나는 여자도 남자도 아닌, 중성 인으로 살았다. 아이들의 바른 성장을 위해 보탬이 되려 노력했으며, 책임감이라는 옷을 입은 채, 삶을 향한 강한 의지를 냈다. 그럴 때, 삶이 나를 세워주었고, 불합리하고 이해할 수 없었던 상황에서도 참을 수 있는 인내심이 발휘되었다. 절절함으로, 간절함으로, 확신하며 기도했다. 그리고 우리는 보란 듯이 이겨냈다. 간절히 원하면 무엇이든지 이루어진다는 것을, 나는 몸소 경험했다. 그리고, 간절함은 잠재되어 있던 열정을 숨기고 있다가 목표를 향해 나갈 때 우리에게 삶의 동력이 되어 온전한 삶을 이끌어 주었다.

글쓰기도 마찬가지이다. 자신의 삶을 진지하게 생각할 줄 알아야 한다. 타인의 삶을 살필 줄 알지만 정작 진지한 내 삶, 내 자아를 살필 생각은 못 했을 것이다. 나도 그랬던 사람이다. 삶이 바쁘고 힘들다는 핑계로 생각하지 않았다. 자신을 먼저 살펴야 한다. 나를. 그동안은 가족을 위해 헌신했듯이 나를 위해 시간을 할애해야 한다. 최선을 다했던 삶, 목표를 이룬 뒤의 헛헛함과 공허함이 밀려올 때가 있다. 목표를 향해 전력 질주하며 소진된 마음의 징징거림이 아닐까? 생각한다. 나를 찾아, 자신을 인정해 달라는 또 다른 표현이라 생각한다. 나 자신을 찾아야 한다. 삶이 영원한 것처럼 우리는 살아간다. 길지 않다. 나 자신을 중심으로 삶을 재편해야 한다. 나는 내 삶의 일부를 찾았다. 그리고, 그 행보는 계속될 것이다. 자판을 이용한 필사와 글쓰기를 통해서 내 삶을 계속 찾을 것이다. 소진된 마음과 텅 비어버린 마음 공간을 채워주는 최고의 방법이다. 그 길을 계속 걸어갈 힘을 얻는 것, 글을 쓰면 알게 된다. 자신이 원하는 방향을 향해, 간절했던 시간을 발판 삼아, 새로운 메시지를 나에게 던지며 내가 중심이 되어, 불완전한 내 삶을 완성해 나가기로 마음먹었다. 덕분에 나의 삶은 달라졌고 원하는 것을 이루며 산다. 간절함이 주었던 시간이 오히려 감사한 시간이었음을 깨달아, 그 또한 가치 있는 나의 삶이었음을 인정한다.

왜? 진작에 책 쓸 생각을 하지 못했을까? 우리는 행복한 삶을 꿈꾼다. '어떻게 살 것인가.' 진지한 질문을 자신에게 던지고 답을 찾아야 한다. 그런 이유로 책 쓰기를 권한다. 우리의 삶은 절대 호락호락하지 않다. 삶의 돌부리에 걸리지 않게 마음의 균형을 잘 잡아야 한다. 미리 준비해야 한다. 글을 쓴다는 것은 내 마음 공간을 비우고 채우기를 반복하는 행위이다. 꾸준히 하다 보면 어느 날, 탄탄해진 마음의 그릇이 확장되어 있다는 것을 발견할 것이다. 진지하게 생각하고 사색하며 삶을 통찰하며 나온 사유의 보답이다. 어떤 것에도 흔들림 없는 단단한 마음, 글 쓰면서 마음의 내공을 키우고 멋진 삶을 기대해 보자. 마음의 평안, 자신감, 기쁨으로 채우게 되는 글쓰기로 세상을 바라보는 시선도 달라질 것이다. 긍정적인 시선에서 뿜는 밝은 에너지가 자신을 지켜 줄 것이다. 우리의 인생은 소중하고 귀하다. 나도 너도 매 순간 선택을 강요받는다. 그럴 때, "조용히 너의 내면으로 들어가 무엇이 문제인지, 네가 진정 원하는 것이 어떤 건지, 진지하게 생각하고 결정해. 결국, 너 자신의 삶이니까."라고 시선이 향할 곳은 결국 '자신'이라는 것을 알려 줄 수 있다. 글을 쓰면 알게 되는 것들이 참 많다. 삶에 대한 답을 찾는 몫은 바로 '나'다. 글 쓰고 책 쓰는 삶. 작은 시작부터 해보자. 꿈을 가지고 내가 손짓하는 대로 삶이 나를 이끈다는 사실을 기억하자. 내가, 스스로, 간절함이, 그때를 만드는 것이다. 한 번뿐인 삶, 멋지게 살아보길 응원한다.

글쓰기를 타고 나지 않아도 책은 쓴다

"정님아!! 네가 쓴 글을 책으로 볼 수 있어서 신기하면서 자랑스럽다. 무엇보다 책 쓰기로 너 자신을 찾아가며 너를 위해 글을 쓰고 있어서 보기 좋아. 언제나 응원한다. 계속 책 쓰자. 나는 네가 내 친구인 게 고맙다."

출간한 후, 친구가 나에게 한 말이다. 나처럼 평범한 사람도 책을 썼다. 친구의 말은 어떤 편견도 없는 최고의 칭찬이었다. 아직, 나는 많이 부족하다. 하지만, 조금씩 성장하는 것은 사실이다. 나는 필사와 글쓰기를 통해 공저 《필사 POWER》를 출간했다. 필사를 통해 변화된 생각과 가치에 관해 여러 작가와 함께 삶을 논한 책이다. 인생 첫 출간 책이다. 재능이 있어 책을 출간했던 것이 절대 아니다. 초고는 여러 차례 퇴고 과정을 거쳐 투고한 뒤, 책을 출간한다. 써본 적 없는 글을 쓴 뒤의 초고는 당연히 서툴고 형편없는 글이다. 퇴고를 거쳐 글은 완성된다. 사실, 글은 변화하는 시간을 사는 우리에게 완성보다는 미완성에 가깝다. 그런 과정을 거쳐 나 자신이 완성되는 것이다. 그런 면에서 책이 나오기까지는 많은 사람의 수고와 지혜가 필요하다. 아무것도 모르고 시작한 나의 서툴고 어색했던 글이 여러 과정을 통해 다듬어지고 읽을 수 있는 글로 되어 간다는 것을 경험했다. 의심스러웠던 나도 이제는 쓸 수 있겠다는 자신감과 그 과정에는 노력한 그 이상의 가치가 있음을 알게 했다. 필사부터 한 단계씩 밟아 올라갔고 그때마다 나는 성장했다. 그리고 '책'이라는 결과물을 얻게 되었다. 내가 원하는 삶이 무엇인지 생각하는 계기는 삶을 향한 목표로 다가왔고, 이전과 다른 깨달음은 내가 글을 쓰게 만들어주었다. 그리고, 하려는 의지만 있다면, 모든 것이 나를 위해 환경도 조성되었다.

친구의 말처럼 나는 나 자신을 찾기 위해 글을 쓴다. 글을 쓰다 보면 내가 누구인지, 어떤 삶을 원하는지 묻고 답하는 과정이 반복된다. 누구도 주지 못하는 해답, 글쓰기 시도를 통해 찾는다. 내 인생이다. 글쓰기가 익숙해질수록 나는 글 쓰는 과정에서 얻게 되는 가치와 성장하는 내가 좋다. 복잡했던 생각이 정화되어 정리되며, 새로운 아이디어를 나만의 언어로 풍요로운 정서를 끌어내기에 글쓰기만큼 좋은 것이 없다. 글이 막히고 옭아맸던 내면의 엉킨 끈을 풀어주었다. 글쓰기로 새로운 삶을 사는 것이다. 나는 타고나서 글을 쓰는 것이 아니다. 글쓰기가 필요했고 나 자신을 위해 쓰다 보니, 글 쓰는 능력은 점점 성장했다.

나는 노력하는 사람이다. 반복된 행동으로 끊임없이 사고하며 내가 원하는 답을 찾는 사람이다. 과거에도 그랬고 현재도 그렇다. 그럴 때, 책은 나를 이끌기에 충분했다. 글을 읽고 책 속에서 거론된 책을 계속해서 끊임없이 읽었다. 그때마다 다양한 작가의 글이 주는 시선과 삶을 공감했고 같은 삶을 사는 것처럼 전율이 느껴졌다. 마치 살아있는 멘토와 같이 사는 착각이 드는 것처럼 독서에 점점 더 깊이 빠져들었다. 작가의 글이 주는 힘과 가치에 매료되어 '책 쓰기'라는 목표를 가지게 되었다. 나를 이끌고 왔던 내 삶의 글감을 생각하게 되었다. 태어난 존재 자체로 대단한 가치가 있음에도 나는 삶에 매몰되어 나를 무시하며 살았다. 그런 나에게 독서와 글쓰기는 시선을 높이는 역할을 해주었다. 시선을 높여 사색하며, 기존의 가치관에 살을 더해 삶의 옳은 길을 걷고 싶었다. 나는 식품 영양학을 전공했지만, 틈틈이 철학과 심리학 강의도 들었다. 어렸던 나는 사람의 심리에 대해 알고 싶었고, 내가 앞으로 어떤 마음을 먹으며 살아갈지 생각하는 시간이었다. 내면의 나를 찾으며 어떤 사람으로 살 것인가를 생각했던 것 같다. 도덕과 윤리를 좋아하며 착한 것과 옳은 것을 좋아했다. 사실, 제 밥그릇도 못 챙기면서 산 적도 많다. 그렇지만 후회하지 않았다. 내 밥그릇을 챙기진 못했을지라도 내 마음 그릇은 커졌기 때문이다. 나이가 든 지금, 나는 만족한다. 어떤 것에도 미동하지 않는 탄탄한 중심이 잡혔다. 이제는 글쓰기에 끊임없는 노력을 기하려고 한다. 매일 조금씩 성장하는 나를 대면할 때만큼 인생에 멋진 것은 없기에, 나는 매일 꾸준히 끊임없이 반복할 것이다.

사실, 타고난 운명으로 잘 살아가는 사람은 아주 극소수에 불과하다. 헤르만 헤세의 《싯다르타》에서 본 내용을 생각한다. 불교의 윤회설에 기인하는 과거의 인연이 현재로 이어지고 타고난 재주와 삶이 덧입혀져 사는 사람들을 제외하고, 보통은 나와 다를 바 없는 평범한 사람이다. 글쓰기로 나는 보통 사람도 누릴 수 있는 특별한 삶을 살고 있다. 노력하면 얼마든지 가능한 글을 쓰고 운 좋게 나는 책도 출간했다. 우리에게 주어진 시간을 투자하고 사소한 노력을 쌓고 쌓여서 낸 성과는 단지 결과물만으로 끝나지 않는다. 자신의 성장은 물론 내면에 엄청난 가치를 품은 변화를 경험하게 된다. 때로는 나의 성장이 주변의 성장으로 확장하여 더불어 변화하기도 한다. 글은 곧, 나의 말이자 내면의 언어이다. 글을 쓰면 사용하는 말과 언어도 변화한다. 이전에 사용했던 언어와 다른 언어를 통해 일상을 대하며 사람들과의 관계에 안정적인 변화를 꾀하게 된다. 모든 면에서 정돈되고, 정리를 통해 좋은 결과를 기대하며 재시도하는 용기를 얻는 것이다. 나는 책 쓰기로 일상의 삶 깊숙한 곳까지 도달하는 나 자신의 성장을 문득문득 경험했다. 글쓰기, 타고나지 않아도 된다. 노력하면 얼마든지 가능하다. 글을 쓰고, 소중한 삶에 풍요로움을 더하려는 의지만 있다면 말이다. 자신에게 시간을 내어 줄 때야 비로소 자신의 삶을 가치 있게 만들 수 있다고 나는 확신한다.

한계는 자신이 스스로 짓는 것뿐이다. 자판을 이용해 필사한 지, 5년째 접어들었다. 처음 시작할 때, 나는 느림보 거북이였다. 토끼 같은 재빠름이 전혀 없었기에, 지루하기만 했다. 그러나 모든 일에는 거북이의 끈기가 요구된다. 끈기 있게 지속하다 보면 속도는 자연히 빨라진다. 그런데, 글을 자판으로 쳐야 한다는 부담감에 메시지는 고사하고 글의 내용은 눈에 들어오지 않았다. 지루함이 지나고 익숙함이 자리 잡을 때쯤, 보이는 것이 있었다. 과정이다. 지속성이 가진 힘이 있었다. 책 필사에 집중하다 보면 내 의식이 넓어지고 확장되며 글 쓰는 쾌감을 맛보게 되는 시점이 온다. 그때까지는 버티고 견뎌야 한다.

우리는 쉽게 한계를 만들어 스스로 포기하는 경향이 있다. 나 역시도 그랬다. 부정적인 생각이 드는 순간, 모든 활동에 브레이크가 작동하는 것을 우리는 살면서 수없이 경험한다. 어떤 일을 도모할 때, 긍정적인 생각에 긍정의 에너지를 쏟아야 긍정적인 결과를 기대할 수 있다. 긍정의 말과 행동이 긍정의 결과를 가져오는 것처럼 생각한 대로 결과는 주어진다. 한계를 정하지 말고 반드시 한계를 넘어설 것이라는 각오가 우선이다.

우리는 얼마나 나 자신에게 긍정적인 씨앗을 뿌렸는가? 수시로 마음을 들여다보고 점검해야 한다. 혹, 안된다고 스스로 한계를 둔 것은 아닌지, 경험할 수 있는 모든 것을 경험해 보길 바란다. 경험을 통해 습득한 지혜는 삶을 원활하게 하는 역할을 하기 때문이다. 습관처럼 자신에게 한계를 짓는다면 결국 아무것도 시도하지 않고 어떤 것도 남지 않은 인생을 살게 만들기 때문이다. 지금 당장 시작해도 늦을 수 있다. 나중은 없다. 지금만이 존재할 뿐이다. 유유히 흘러가는 시간이 아까워야 찰나의 시간조차 귀하게 여겨진다. 언제 할 것이란, 한계를 접고 지금 바로 시작하려는 의지를 낸다면 몸도 정신력도 힘을 낼 것이다. 어쩌면 나의 내면은 나의 행동을 기다리고 있을지 모른다. 지금이 '훅' 지나간다. 준비되어 있지 않을 때 이미 준비된 자들이 누리는 성취감을 맛보지 못하고 삶은 '그럭저럭'이란 단어로 나를 대변할 수 있다. 소중하고 귀한 내 인생에 한계를 지어 위대한 나를 스스로 작게 만들지 않나 생각해 볼 문제이다, 시작해라 늦었다. 그리고, 작은 것에 만족해라. 그래야, 끝까지 잘 갈 수 있다. 나에게 주어진 재능, 깨닫기 전까지는 없다고 생각한다. 글 쓰는 재능도 당연히 없다고 생각했었다. 하지만, 글을 쓸수록 글을 쓸 수 있는 나로 점점 변화되어 간다. 책이 출간된 후, 자신에 대한 책임감으로 나는 나 자신을 지켜 주고 있다. 누구도 침해할 수 없는 멋진 성과, 단단하고 품격 있는 생각을 만드는 나를 말이다.

나의 끈기는 글을 쓰면서 발현됐다. 글쓰기를 하고 책을 출간하면서 나도 글을 쓸 수 있는 사람으로 거듭났다. 계속해서 성장하고 발전한다. 잘 쓴다는 이야기가 아니다. 하고자 하는 의지였다. 보통, 끈기가 부족해서 어렵다고 한다. 끈기는 지속적인 과정을 행동으로 실천하면서 자연적으로 습득되는 것이다. 나와 같은 사람도 글을 쓰기에 세상 못할 일이 없다고 여겨진다. 나는 알아차림이 느리고 그만큼 행동도 민첩하지 못하다. 우리의 삶은 양면성으로 점철된다. 모두 좋은 것도 아니고 모두 나쁜 것도 아니기에 협력만이 답이다. 재능이 없다면 재능있는 사람을 모방하고 내가 가진 장점을 드러내면서 살면 된다. 나는 내 친구의 재능을 기반으로 해서 글쓰기에 입문했다. 친구는 많은 책을 출간한 작가이다. 글쓰기 멘토다. 나는 글을 쓰고 싶어서 시작한 것이 아니라 친구의 권유로 시작했다. 그 권유로 나는 삶의 의미를 찾았다. 책을 내고 글을 읽고 또, 글을 쓴다. 자존감이 바닥을 칠 때 나는 필사로 마음을 잡고 삶과 글을 다듬는다. 내가 한 것처럼 글을 써보라고 강력히 권한다. 최대한 빨리 시작해라. 그래야 내 삶의 아까운 한순간을 귀하게 대하며 더 멋진 삶을 살게 된다. 늦은 나이의 한계를 뛰어넘어 글을 마주하고 앉은 모든 순간이 좋다. 타고나지 않아도 할 수 있고 하면 된다. 얼마든지. 글을 쓰면 잔잔하게 행복해진다. 행복한 삶을 살 수 있는 가장 쉬운 방법인 글쓰기. 글 쓰고 책 쓰기에 도전 해보자. 내 이름이 그려진 책 한 권을 추가하는 삶의 기쁨을 같이 누리길 응원한다.

글쓰기 언제 해 봤는가?

책 쓰기 전, 마지막으로 글을 쓴 것이 언제인지 기억나지 않는다. 초등학교 다닐 때 빨간 칸의 원고지에 칸을 채우며 글쓰기를 배웠다. 학교에서 배운 원고지 작성 요령이 고작이었다. 쉬운 것이었는데 그때는 왜 그렇게 어려웠는지. 그 감정이 어렴풋하게 남아 있다. 원고지의 빨간 테두리 안에 정확한 뜻과 마음이 가진 생각을 제대로 펼쳐 본 적 없었다. 느지막하게 나는 글쓰기에 도전했다. 책을 출간했고 글쓰기의 장점에 매료되었다. 평범한 사람이 글쓰기를 꼭 해야 하는 수많은 이유를 널리 전하고 싶다. 글쓰기는 나를 제대로 알아가는 과정이다. 그 과정을 통해 나는 나를 응원하게 되었다. 미약한 시작은 변화를 시도하고 성장을 원하는 나를 만들었다. 삶을 재조명하며 나다움을 갖춰가고 있다. 삶을 대하는 태도나 관점이 달라졌고, 현재의 삶을 이해하고 글쓰기가 내 삶의 일부가 되어 현재를 살고 미래를 살아갈 것이다.

　처음에, 나는 필사했지만 소극적이었다. 글쓰기의 필요성을 알 리가 없었다. 글쓰기라고 하면 기껏해야 일기와 틈틈이 한 기록이 전부였다. 글쓰기가 모험처럼 느껴졌다. 미약했지만 매일 글을 썼다. 본격적인 글쓰기를 하면서 나는 내가 사는 방법이 틀렸다는 것을 깨닫게 되었다. 변화하고 싶었다. 그리고, 기존의 틀을 하나씩 수정해 나갔다. 글 쓰는 매 순간 나는 변화를 경험한다. 변화된 시선은 세상을 이전과 다르게 보게 했고, 행복한 장소로 받아들이게 했다. 밖으로 향하던 삶의 태도와 행동을 내면이 원하는 방향으로 주목하게 했다. 글을 쓰는 작은 행동으로 이전의 두려움 많았던 나는 사라졌다. 무조건 쓰고, 계속 썼다. 자연스럽게 내 삶의 자취를 남겨 보고 싶다는 열망을 품게 되었다. 저마다의 삶의 방식과 향기는 있는 법이다. 삶에 덧입혀져 퇴색되는 것들 속에 담긴 소중한 가치를 쓰면서 담금질하듯 다듬어 나가는 삶을 살고 있다. 기억에서 사라지는 시간 속에서 나는 과연 어떤 사람으로, 내게 너는 어떤 사람으로 기억되고 싶은지 글을 통해 저장해 본다. 지루한 삶 속에 활력을 불어 행복에 초점 맞추는 삶을 살게 하는 글쓰기. 조심스럽게 권해본다.

크리스마스는 특별하다. 12월을 나는 사랑한다. 매년 크리스마스를 기다리며 우리는 트리를 장식한다. 어느 새벽, 거실 쪽에서 은은한 빛이 감돌았다. 항상 켜져 있었다. 순간, 아! 하는 생각이 들었다. 평상시 "불 꺼라, 아껴라," 소리를 입에 달고 사는 남편이 크리스마스트리의 등을 끄지 않은 채 출근했다. 겁많은 나를 위한 배려였다. 남편은 새벽 2시 반이면 어김없이 경매 시간에 맞춰 출근한다. 아침 동틀 때까지 혼자 잠든 아내를 위해 트리를 밝혀 편안히 자도록 했다. 성년이 된 딸들이 집을 떠나 생활하지만, 딸 셋 중의 큰딸은 줄곧 본가인 우리와 생활하며 출퇴근했다. 왕복 4시간 이상의 거리를 출퇴근 버스에서 시달리며, 그 생활을 5년 이상 지속했고 결혼을 이유로 집을 떠나 신혼집에서 살게 됐다. 우리에게는 가족이 하나 더 있다. 6년을 같이 산 검은 고양이 이름은 '모카'이다. 집에는 큰딸, 우리 부부, 모카 이렇게 넷이서 생활했다. 모카는 큰딸의 분신 같은 존재이다. 모카는 길고양이다. 딸의 모카를 향한 정성은 지극하다. 딸은 자신의 빈자리를 채워줄 것이란 생각으로 모카를 놔두고 가기로 했다. 문제는 모카였다. 시간이 갈수록 우리 부부의 보살핌으론 소용없었다. 반들거리던 털은 푸석해졌고, 한쪽 눈에는 눈물이 그렁그렁, 배변 실수하지 않았던 녀석이 아무 곳에나 실수했다. 분리된 녀석은 불안해 보였다. 부모님의 허전함을 알기에 고양이라도 곁에 두어 부모의 마음을 위로하고자 했던 딸아이의 깊은 마음은 잘 알겠으나, 녀석의 몰골이 점점 이상해지고 건강을 잃어가는 모습에 결단을 내려야만 했다. “모카를 데려가야 할 것 같아.”라는 말이 입 밖으로 나왔다 들어갔다 반복했다. 우리는 그동안 모카에게 정이 들었다. 그렇지만, 고양이 모카가 있을 자리는 큰딸 곁이라는 생각이 들었다. 결정을 내렸다. 살면서 이별의 순간은 늘 있다. 모카가 딸 집으로 가는 날, 데리고 가는 딸도 모카도 보내는 우리도 정든 이별을 하면서 눈물을 흘렸다. 꽉 채워 살았던 우리에게 텅 빈 마음의 공간이 만들어지는 날이었다. 그것도 잠시, 하루가 지나서 든 생각은 ‘그래도 딸 곁이 모카가 있어야 할 곳이다. 다행이다.’란 생각이 들었다. 모카를 통해, 누구나 있어야 하고, 서야 할 자리가 정해져 있다는 사실을 깨달았다. 그리고, 정답고 마음을 쏟았던 것은 절대 배반하지 않는다는 믿음과 작은 모카를 통해 위안받고 살았던 시간에 감사했다.

글을 써본 적 없던 내가 글을 쓰는 이유는 소소한 삶에 의미를 부여하는 힘을 갖기 위해서이다. 삶의 등불처럼, 눈이 떠졌을 때, 평온함을 글로 써야겠다는 생각이 스쳤다. 단순히 등불의 밝음이 아니었다. 허전함을 크리스마스 빛으로 채워주고 싶은 남편의 배려이자 마음이었다. 필사로 시작한 작은 행동이 삶 속에서 글감을 찾아 글을 쓰도록 했다. 삶을 관찰하고, 그 삶에 생명력을 불어넣는 작업이다. 삶을 통찰하게 한다. 글쓰기는 나도 모르는 잠재의식에 변화를 주고 작은 것에도 의미를 부여하며, 행복을 찾아 사는 삶을 살게 한다. 글을 쓰는 삶은, 우리가 겪는 많은 문제를 문제로 접근하기보다 지나가는 과정으로 관조하며 평온을 찾는 일련의 메커니즘이다. 처음에 기계적인 필사였지만, 필사가 글쓰기로 이어져 평범한 전등의 불빛은 의미 없는 불빛이 아니었다. 그 속에 담긴 숭고한 사랑을 깨닫고, 마음이 가진 섬세함을 인지하게 했다. 긍정적인 시각과 섬세하게 내 삶을 들여다볼 수 있게 눈을 떠야 한다. 잠재해 있던 마음이 궁금하지 않은가? 글은 나의 마음을 고스란히 드러나게 만든다. 글쓰기엔 시작은 있되 끝이 없다. 얼마든지 누릴 수 있는 특권을 자신에게 먼저 주는 것, 현명한 선택이 될 것이다.

나는 글을 쓰고 책을 쓴다. 사람들이 부러워한다. 자격이 있어야 글을 쓴다는 관념을 사람들은 가졌기 때문에 부러워한다. 글 쓰고 책 쓰기에 특별한 자격조건은 없다. 굳이 자격조건이라고 한다면 자판을 두드리는 손과 눈과 조금의 끈기만 있으면 된다. 이렇게 말해도 선뜻 시도하지 못한다. 세월의 두께에 눌려 감히 시작하지 못하는 것이다. 어설픈 손놀림의 자판 필사, 매일 매일 일정한 시간을 내어 꾸준히 했던 필사를 한다. 보통, 인간관계가 편안하게 유지되기 위해선 최소 3년이란 시간을 둔다. 개인의 차이지만, 나의 기준은 4계절이 세 번 변화해야 알 수 있다고 생각하고 기준은 3년이다. 어떤 사람은 첫눈에 친해지기도 하며, 3주 21일이면 되는 사람도 있다. 강한 의지의 소유자라면 짧은 시간에도 가능하다. 마음과 행동의 괴리를 쓰면서 극복했다. 글을 쓰면서 나도 모르던 나를 제대로 파악했다. 다른 사람과 나를 비교하면서 '저 사람은 되는데 나는 왜 안 될까?' 고민했던 날들이었다. 뒤늦게 깨닫고 보니 고민거리가 아니라 나의 성향이고 특성이며 개별성이었다. 글쓰기도 이와 비슷했다. 무엇이든 천천히 하는 나는 섬세한 감정과 긍정적인 마음의 소유자였다. 긍정적인 성향은 사실, 수십 년을 거쳐 스스로 단련시킨 결과이다. 꾸준함의 일례이다. 나는 글을 쓰면서 단점은 극복하고 장점을 극대화했다. 결과적으로 삶을 대하는 마음이 편안해졌고 긍정적인 생각으로 살아가고 있다. 나 자신이 대상이 되어 사색하고 통찰하면서 큰 뜻을 발견한 것이다.

글쓰기 해본 적 없던 사람이 변화하는 데는 꾸준함과 인내심만 있으면 된다. 한계를 넘어서는 순간 깨닫게 된다. 이것을 두고 임계점이라고 표현한다. 동트기 전이 제일 어둡다고 하지 않나. 조금만 참으면 끝이 보이는데, 보통은 깨닫기 바로 직전에 포기하는 사람을 나는 많이 봐 왔다. 목표가 한 발만 더 나가면 달성되는데 불구하고 포기한다. 참고 이겨내는 것도 덕을 쌓는 것이라 한다. 이겨낸 다음, 결과의 달콤함만이 나를 감싸는 삶의 애틋함과 애착을 갖게 한다. 보이는 것에 시선을 둘 것인지, 보이지 않는 가치로 나의 삶을 어떻게 변화시킬지, 그것은 개인의 선택이다. 글을 쓰고 부족함을 발견하고 부족함을 꾸준히 채워나갈 때 완성된 나를 대면하게 된다. 시선이 나로 향하는 글쓰기는 삶을 더 알차고 소중하게 만들어준다는 사실을 기억하길 바란다.

"글쓰기 언제 해보았는가?" 질문받을 때 이제는 당당히 말할 수 있다. 글쓰기는 늦은 나이에 시작하더라도 글감은 우리가 기억하기 이전 태어난 순간부터 존재했다는 사실이다. 나는 글을 쓰면서 나를 찾았다고 단언한다. 많은 관계 속에서 불안했던 날을 극복했고, 삶의 뒤안길이란 표현이 자연스럽게 그릴만큼 인생을 살았다. 글을 쓴 날보다 글을 쓰지 못한 날들이 훨씬 더 많았다. 그래서, 글에 대한 애착이 더 생긴다. 그냥, 무작정, 글쓰기를 시도해 보길 권한다. 어떤 책이라도 좋다. 베껴 써보면 알게 된다. 곧, 내 글을 쓰고 싶어진다. 상처받은 나의 영혼을 치유하고 남은 삶을 소중하게 다루어야 할 필요가 있다. 그런 면에서 글쓰기는 최고의 방법이라 생각한다. 홀로 있는 시간에 마음자리를 내어 주고 자신을 돌보며 치유하고 스스로 채워보자. 생각할 수 있는 시간을 만들어 글로 지면을 채워보자. 있는 그대로의 마음을 말이다. 그 힘은 다른 사람의 위로와 위안이 되며 더불어 자신감을 얻으며 사는 것이다. 글 쓰는 삶, 꽤 괜찮은 삶이다. 써본 적 없었던 글로 나는 나를 치유했고 나의 가정에도 행복을 불어넣고 있다. 내가 행복해야 했다. 행복한 나로 인해 내 주변의 가족, 사회에 행복의 작은 불씨를 전파할 수 있음을 기억하자.

써보지도 않았는데 못 쓴다고 하지 마라

모든 일은 마음먹기에 달렸다고 했다. 그런데, 이 마음 먹기가 쉽지 않다. 똑같은 상황에도 어떤 마음을 가지고 대처하느냐에 따라 결과는 판이하게 다르다. 그래서, 시작이 반이다. 긍정적인 결과를 원한다면 긍정적인 사고가 무엇보다 중요하다. 결과보다 과정이 중요하다고 말한다. 집중하라고 조언한다. 말하는 사람도 듣는 사람의 태도도 중요하다. 아무리 훌륭한 조언도 듣는 사람에 따라 잔소리 같아서 일방적인 말이 되어 본뜻을 상실하기 때문이다. 개인적인 경험과 환경에 의해 형성된 성향의 차이다. 상황에 맞게 마음을 비우고 어떤 것으로 자신을 채워 성장시킬지에 대한 결정은 개인의 확고한 의지가 무엇보다 요구된다. 우리는 무수히 많은 크고 작은 갈등과 선택과 해결을 강요받는다. 찌든 삶으로 인해 머리와 가슴에 꽉 찬 부정적인 생각들이 순수하게 받아들이지 못하도록 방해하는 것을 비우고 좋은 것으로 채우는 시스템을 만들어야 한다. 아무리 넓은 마음을 가진 이에게도 한계는 늘 있다. 비우고 채우는 과정이 필요하다. 마음의 힘과 용기를 일으킬 공간을 스스로 만들어야 새로운 문제에 봉착하더라도 의연하게 풀어낼 자생력을 갖게 된다. 그러면 어떻게 비우고 채울 수가 있을까?

나는 글을 쓰면서 부정적인 잡다한 생각을 비워낸 뒤, 가치 있는 것으로 채우며 살려고 한다. 매일 꾸준히 하고 있다. 물론, 글을 쓰려면 독서는 당연한 일상이 되는 것이다. 시도해 보면 안다. 결코, 어려운 일이 아니다. 끈기는 저절로 생긴다. 안된다고 걱정할 이유가 전혀 없다. 나 같은 사람도 하고 있지 않은가. 마음먹기에 달렸다. 나는 현재와 달리 끈기는 부족했고, 나 자신을 믿지 못했던 사람, 포기가 쉬웠던 사람이었다. 소중한 시간을 많이 허비하고 살았다, 그랬던 내가 달라졌다. 나는 글쓰기를 통해 나에게 있는 단점과 어떤 것이 부족한지 인식하게 되었다. 시기, 질투, 불안 같은 불필요한 감정을 비우고 긍정적인 기운과 좋은 감정으로 대체시켰다. 삶의 패턴이 완전히 달라졌다. 오랜 시간 지속했던 행동에는 가속도가 붙는다. 글을 쓰며 단련된 끈기와 꾸준함이 나 자신을 믿는 사람으로 변화시켰다. 즐기는 것을 따를 것이 없다. 쓰는 것을 즐기다 보니, 점점 가치 있는 것이 내 마음을 채우고 삶에 대한 기대로 채워졌기 때문이다. 써보지 않았는데 어떻게 알겠는가? 못 쓰는 것이 아니라 안 써봤기 때문에 못 쓰는 것이다.

인생을 논해본다. 나는 내 아이들의 인생 선배다. 후배는 선배가 가는 길을 따라 무의식적으로 모방하며 삶을 이어간다. 자녀들은 부모를 거울삼아 모방하고 행동한다. 다른 듯하지만, 비슷한 생각과 사고를 한다. 삶의 태도와 사고방식까지 닮아가는 것이다. 간혹, 싫어하면서도 같은 행동을 하는 자신을 발견하기도 한다. 때론, 그들은 많은 시간 동안 경험하고 습득한 지혜로 경험하지 못한 타인에게 영향을 끼치기도 한다. 무엇이든 받아들이려는 열린 마음이 요구된다. 자격과 자질을 갖추기 위해 노력하며, 사는 방식을 터득하면서, 받아들일 준비된 마음의 변화를 나는 경험했다. 오랜 시간이 걸렸다. 내 딸은 학교 다닐 때 취직했다. 내가 딸의 취업에 관해 염려하지 않게 해준 것에 감사한다. 어느새 직장 생활한 지 6년에 접어들었다. 현재와 달리, 입사 후 3년 동안은 거대한 조직의 다양한 부딪힘과 고강도의 힘든 생활을 했다. 어렵게 입사한 회사에 만족할 수 없었다. 모든 것을 감당하며 힘들어하는 모습은 안쓰러웠고 걱정스러웠다. 한편으론 딸을 믿었다. '시간이 약'일 때가 있는 법이다. 주 52시간 근무제가 도입되기 전이라, 잦은 야근을 했고 본인의 생각과 관계없이, 지시에 따라 수동적으로 행동했던 시간이었다. 직장인 대부분이 그렇듯이 딸아이도 사표를 가슴에 품고 살았던 시간이었다. 그럴 때, 엄마라고 해줄 수 있는 해결 방법은 딱히 없다. 자칫 입 밖으로 나간 말은 잔소리와 충고가 되어 마음의 부담만 가중하게 한다. 조용히, 엄마의 간절한 기도뿐, 달리 방법이 없었다. 엄마는 언제나 기다림의 연속에 사는 것이다. 아침에 눈이 제대로 뜨기 전에 나는 외친다. 에밀 쿠에의 "나는 날마다 점점 더 나아지고 있다." 나만의 방식으로 변형해서 외쳤다. '우리는 날마다 모든 면에서 점점 더 나아지고 있다.' 오랜 시간 동안 잠자기 전과 일어나기 직전에 외쳤다. 지금도 선포한다. 어떤 청사진을 그리며. 우리에게 우주의 좋은 에너지가 같이 하길 바라면서. 불안이 밀려올 때도 외친다. 나의 잠재의식에 한 줄씩 그어 채워가듯 매일 외치는 가운데 우리의 삶이 좋아질 것을 믿었다. 말하는 대로 이루어진다. 말의 위력을 나는 경험해서 잘 안다. 아침잠에서 눈뜬 어느 날, 나는 불현듯 깨달았다. 점점 더 나아지고 있었다는 사실이다. 아이들을 보면서 나는 내가 한 말이 현실에서 실현되었고, 현재도 진행 중이다. 아이들은 원하는 삶을 살고 있다. 기대한다. 그리고 원하는 삶을 이루며 살 것이다. 힘든 시간 속에서 깨달음이 있었을 것이다. 변화했고 성장했다. 독립적인 삶을 살고 있다. 그 딸은 현재 많은 인간관계를 통해 해법을 찾으며, 삶의 방식을 터득하고 지혜롭고 긍정적인 자세로 조직 생활을 물 흐르듯 자연스럽게 본인의 색깔을 충분히 드러내며 잘하고 있다. 나는 생각한다. 한 사람이 바로 서는 것은, 여러 사람의 보이지 않는 도움이 필요로 한다는 것을.

글을 쓰면 많은 것을 깨닫게 된다. 끊임없이 글 쓰는 행동으로 유형, 무형의 소중한 가치를 경험한다. 점점 더 많이 성장하고 반복을 거듭하면서 배워간다. 내 삶에 감사함을 느끼고 글을 쓰는 행위, 그 자체로 즐겁다. 시도해 보지 않은 사람이 어떻게 알겠는가? 나는 '왜 사람들이 글을 못 쓸까?' 생각해 보았다. 아마도 그것은 두려움 때문이라고 여긴다. 두려움의 극복은 무엇으로 가능할까? 방법은 다양하다. 의식하지 못한 채, 우리는 아무런 목적도 없이, 하루하루를 보낸다. 본인 삶의 방식대로 살지만, 사라지지 않는 두려움은 점점 퇴색되어 가는 일상의 삶이 될 뿐이다. 특별한 발전과 성장보다는 그저 시간의 흐름에 자신을 떠맡긴 채 삶을 살아가는 것이다. 바로, 힘든 시간이 기억에서 사라면서 안정을 찾는 것처럼 보인다는 것이다. 그것도 한 가지 방법이 되기는 한다. 시간의 흐름에 자신을 맡겨 물 흐르듯 사는 것, 이전의 나도 그랬다. 그러나, 나는 보통의 방법과 다른 방법을 선택해 살고 있다. 나의 삶에 혁신은 글쓰기였다. 책을 읽으며 자신을 깨우고 글을 쓰면서 나를 각인시키는 것이다. 내 삶을 재구성했고, 매일 매일 조금씩 변화하는 나와 마주하게 한다. 풍족하지 않더라도 만족스러운 내 삶에 눈뜨게 했다. 가보지 않은 길에 대한 두려움이 있듯, 써보지 않았기에 글을 못 쓴다. 누구든지 할 수 있다. 아이가 입사해서 직장에서 경험한 것들을 삶에 재구성하고 본인의 삶을 살아 가듯, 나는 글을 쓰면서 진정한 내 삶을 살면서, 글이 나의 구석구석에 이미 존재했던 삶의 재미와 즐거움을 찾게 했다. 경험이 또 다른 경험을 도출한다. 글이 지닌 위대한 힘이다. 내 삶 속에 이미 품고 있었던 지혜와 답이 보이며 내가 원하는 삶을 이루게 만든다. 글쓰기와 책 쓰기는 내면의 힘을 기르고 삶에 대한 의지를 찾는 최고의 방법이다. 용기를 가지고 글을 쓰라. 두려움이 나의 삶을 사로잡지 않게. 당당한 자신을 경험해 보길 바란다.

글을 쓰면서 나는 아침형 인간이 되려고 노력했다. 내가 자고 일어나는 자리엔 넓은 창문이 있다. 오랜 세월 동안 잡힌 습관을 고치기란 쉬운 일이 아니다. 욕심부리지 않고 내가 원하는 시간만큼씩 점차적인 노력으로 앞당겨 일어나려 했다. 연습하듯 아침에 눈을 떴다. 때론 일어났다가도 다시 잤다. 반복에 반복을 거듭하면서 평생 잡혀있던 습관에서 탈피하게 되었다. 이른 아침에 눈을 뜨면 제일 먼저 창밖을 둘러보게 된다. 건너편 아파트 불빛이 어둠을 밝히고 있다. 몇 가구의 집에 켜진 불빛만 있을 뿐, 주변은 아직 캄캄하다. 어둠 속의 불빛은 더욱 빛나는 법이다. '저 사람들은 왜 벌써 일어났을까?' 생각했다. 얼마 전부터 나는 목차를 읽고 어떻게 글을 써야 할지 구상하며 잠들었다. 글을 쓰면서 생긴 나의 습관이다. 미리 생각하면 우연한 순간 답을 얻기도 하기 때문이다. 어느 날, 창밖을 주시하다 발견한 것은 언제나 불빛이 켜진 집만 켜져 있다는 사실이다. 그들 또한, 이른 기상이 습관으로 잡혀있는 사람일 것이다. 오랫동안 유지한 습관이 새벽 불을 밝혔을 것이 분명하다. 소중한 시간의 가치를 알 것이고, 시간을 잘 활용하고 자신의 삶을 돌아볼 줄 아는 사람일 것이 분명하다고 추측했다. 나는 이른 아침의 기상으로 활기찬 하루를 시작한다. 변화된 좋은 습관은 내 삶을 변화시키며, 풍성하게 만들어 줄 것이라 기대하며.

새벽 기상처럼 글쓰기, 써보지 않고 어떻게 알 수 있겠는가? 써보려 노력하면 글 쓸 수 있다. 글쓰기에 대한 가치를 깨닫는 시간까지만 견디면 된다. 조금씩, 꾸준하게 써내려 가다 보면 나의 이야기도 펼쳐 보고자 하는 마음이 느껴진다. 나는 나의 삶을 이야기로 풀어 아이들에게 전해 주고 싶어 글을 쓰고 있다. 글쓰기를 위해 필사하고 책을 읽고 또 반복을 거듭했다. 이 과정을 통해 나는 '나'를 찾았다. 나의 진짜 모습을 내가 알게 되었다. 인간은 소멸하면서 언젠가 형체도 없이 사라진다. 우리의 유한함에 '소중한 존재'라는 것을 깨달아야 한다. 그런 이유는 나를 글 쓰는 사람으로 살게 했다. 소중한 삶을 살고 있지만, 우리가 깨닫지 못하는 순간, 사라져 버린다는 사실이다. 끊임없는 변화 속에서 우리는 살고 있다. 그렇지만, 우리가 품었던 지난 시간의 다양한 감정들은 사라지지 않는다고 한다. 과거 상황은 또렷하게 기억나지 않지만, 그때 품었던 그 감정은 그대로 내면 깊숙이 남아 있다. 내게 주어진 삶을 글로 남겨 보고자 하는 의지가 있는지 묻는다. 써보지 않았기 때문에 못 쓸 뿐이다. 하려는 의지와 '왜?' 해야 하는지 뚜렷한 목적을 세우지 않아 못했다. 글을 쓰면 삶 속에서 글을 왜 써야 하는지에 대한 무수한 이유가 보인다. 그때라도 늦진 않다. 하지만, 삶을 생각하는 것도 습관이다. 글 쓰는 연습을 통해 습관화시켜야 원하는 순간, 재빨리 발을 내디딜 자신감을 발휘할 수 있다. 배우고 익힘을 꾸준히 하다 보면, 부지불식간에 전해지는 깨달음. 나도 꾸준함 속에서 어느 순간 깨달았다. 그냥 무작정 시작해 보는 것이다. 내가 전하고자 하는 말, 왜? 그래야 하는지 정확한 이유를 깨닫게 될 것이다. 삶이 흐르는 한순간도 아까워할 줄 아는 자신을 발견할 것이다. 그리고 지금, 이 순간의 소중함을 반드시 깨닫게 될 것이다.

　사람들은 써보지도 않고 자신은 글을 못 쓴다고 말한다. 나 역시도 그랬다. 못할 줄 알았다. 현실이 더 중요했고, 먹고 사는 문제가 더 중요했기 때문이다. 바쁘고 시간이 없다는 핑계를 대며 미뤘다. 먼 미래에 대한 꿈 꾸지 않았고 삶에 대한 호기심도 없었다. 그것이야말로 슬픈 일이다. 내 인생을 모르는 것, 그것은 글쓰기가 나에게 어떤 가치로 다가올지, 전혀 예상하지 못했던 무지함에서 비롯한 것이다. 내 인생은 글을 쓰면서 완전히 달라졌다. 내면의 변화는 보이지 않던 이면의 가치에 눈 뜨게 했다. 세상을 바라보는 시선에 안목을 키우고, 현실적인 것과 삶의 숭고함 사이에서 입체적인 시선으로 접근했다. 점차적인 변화는 나 자신을 한층 더 깊이 있고 활기찬 사람으로 살게 했다. 글쓰기로 내면이 강해졌고, 글이 주는 감동을 통해 삶에 애착을 느끼고 성장을 꾀하며 많은 변화를 경험했다. 사실, 실력도 경험도 부족한 나에게 처음부터 글을 쓴다는 것은 가당치 않은 욕심이었다. 하지만, 이젠 말할 수 있다. 글, 써보지 않았다고 주눅들 필요 전혀 없다. 쓰면서 '나' 자신, 찾으면 되고, 내 삶의 몫을 찾으면 된다. 그리고, 내가 나를 인정하지 않는다면, 누구도 인정하지 않는다. 내 삶이 소중해야 내가 속한 가족의 가치를 느낄 수 있다. 내 삶을 대하는 태도, 달라져야 한다. 편협한 삶에서 벗어나 넓게 펼쳐진 내 세상을 살아보자.

생각이 바뀌면 삶을 바꿀 수 있다. 글 쓰는 것만큼 가치 있는 일은 없다고 본다. 머뭇거릴 시간 없다. 지금, 당장 시작하길 권한다. 한 사람의 삶과 뭇을 생각하게 하는 글쓰기, 꼭 시작하길 바란다.

자판 필사, 할수록 신세계이다

글을 쓰다가 지우기를 수없이 반복했다. 삶을 이야기로 풀어 글로 쓰기란 어렵다. 글 길을 잘 몰라서 그럴 수도 있고, 쓰고자 하는 글이 있지만, 막상 써보면 쉽지 않다. 꼭지 제목과 거리가 먼 이야기만 쓰게 된다. 그마저도 쓰려면 한 자도 쓰지 못해 진행이 안 된다. 수없이 많은 사례가 있음에도 불구하고 글쓰기로 연결하지 못하는 이유가 무엇인지 생각했다. 어릴 적, 나는 6남매의 맏이로 태어났다. 아들 많은 집에 셋째 아들로 태어난 아버지는 아들을 낳기 위해 다섯 명의 딸을 낳고, 막내아들이 태어났다. 아직도 생생하게 기억난다. 막내아들이 태어나던 날, 아버지가 동네방네 기쁜 소식을 전하던 모습, 세상을 다 얻은 사람 같았다. 아버지와 달리, 어렸던 나는 딸들이 부담스러웠나? 하는 생각이 들었다. 6남매의 맏이인 나에게 아버지는 맏이의 책임감을 유난히 자주 언급하셨다. 사랑도 많이 받았지만, 어린 큰딸이 감당하기엔 부담이었다. 아버지가 술이라도 한잔한 날은 가끔, 6남매를 줄지어 세우시곤 번호를 재창하게 하셨다. 형제간의 서열을 정리했다. 시골의 교육환경과 여건은 가족이 모두 함께 지낼 수 있는 긴 시간을 주지 못했다. 중학교를 졸업한 뒤, 나는 도시의 고등학교로 진학하면서 가족과 떨어져 지냈다. 그 이후부터 부모님과 같이 산 적 없는 삶을 살고 있다. 글을 읽으면서 갑자기 '왜! 이런 이야기로 시작하는지,' 의아할 수 있다. 글을 쓴다는 것은 나를 관찰하고 나를 정확히 알 수 있는 가장 좋은 방법이었다. 글 쓰듯이 이렇게 나를 알아가고 표현하면 되는데, 나는 그동안 그러지 못했다. 나를 펼치지 못하는 강박감이 어디서 비롯되었는지 생각했다. 사람들이 나에게 말을 잘한다고 했다. 그리고, 내가 글을 쓴다면, 잘 쓸 수 있겠다고 믿었다. 사실, 그렇지 못했다. 생각을 자유롭게 펼치지도 못했으며, 정확한 주장을 말하지도 못했다. 나의 내면 깊은 곳에 내가 갇혀있는 느낌이 줄곧 들었다. 생각하고 또 생각했다. 그리고, 나의 이야기를 자유롭게 펼치지 못하는 이유를 찾았다. 어떠한 영감도 아이디어도 떠오르지 않았던 것은 정체된 길처럼 묵직한 것, 내 삶의 꼭 풀어내야 할 숙제가 있었다. 부모님은 최선의 삶을 사셨다. 그 삶을 인정한다. 하지만, 내 삶이 가진 숙제는 풀어야 했다. 그런 나에게 자판 필사는 인생의 해결사로 다가왔다. 자신을 드러내며, 긴 세월 동안 쌓인 먼지를 하나씩 털어내게 했다. 이제야 나는 짙은 안개로 자욱했던 내 마음이 안개가 걷히고 빛을 따라 걷고 있다. 글로 나를 쓰게 만든 자판 필사가 나에게 신세계를 경험하게 했다. 그리고, 아름다운 인생이 가진 비밀 열쇠는 결국, 내가 풀어야 함을 깨달았다. 글이 나에게 알려 준 귀한 삶, 이젠 더 잘 살아갈 것 같다.

전율을 느껴본 적 있는가? 손가락 끝에서 정체 모를 기운이 솟아난다. 신세계를 체험하고 있다. 답답함이 해소되고 부정적인 느낌은 사라지고 긍정의 메시지를 얻는다. 자판을 통한 뚝딱거림은 나의 잠자던 뇌를 깨워준다. 헤르만 헤세는 의식을 '호수의 수면'으로 비유했다. 호수가 고요해 보이지만, 호수 표면의 물 분자의 변화와 순환으로 정신인 호수의 깊은 곳 물이 순환하며 잔잔하게 유지된다고 표현했다. 즉, 변함없이 계속되는 의식적인 행동은 우리의 정신까지 변화시킨다. 나는 의식적으로 자판 필사한다. 마음을 비우고 채우면서 자신을 완성해 가는 과정이며, 탈피의 과정이다. 그리고, 자판 필사는 정체되었던 글 길을 터주는 역할을 한다. 자판 필사로 시작된 나의 변화, 긍정적인 정신의 흐름에 이끌리는 자신을 발견할 것이다. 우리는 나만의 깃대 하나쯤은 간직하고 살아야 한다. 살면서 길을 잃지 않기 위해서다. 설사, 길을 잃더라도 나만의 깃대를 보면서 되돌아올 수 있게 말이다. 자판 필사는 느껴보지 못했던 신세계로 들어가는 관문이다. 내가 자판 필사를 권하는 이유이다.

밤새 굳었던 몸을 스트레칭으로 풀어준다. 팔과 다리의 관절을 유연하게 하는 데 스트레칭만큼 좋은 것이 없다. 고무밴드, 아령 같은 간단한 기구를 이용하기도 하고 여러 가지 방법으로 몸을 깨워주게 된다. 팔을 흔들고 다리를 굽히고 펴기를 반복한다. 앉았다, 일어서기를 반복하면서 무릎관절이 주어진 이 하루를 잘 살 수 있도록 준비시켜 준다. 오랜 세월 나를 위해 버틴 나의 관절에 감사하면서 하는 행동이다. 50대 후반을 달리고 있다. 조금 더 천천히, 조금 더 안전하게, 좀 더 활기를 찾아 스스로 돌보는 것, 아주 중요하다. 우리는 오랜 습관에 지배당하며 의식하지 못한 채 산다. 내 몸이 소중하다는 것을 먼저 인지해야 한다. 잠이 깬 직후, 우리의 몸은 움직일 준비가 덜 된 상태이며 정신은 비몽사몽이다. 동화책을 쓴 작가를 SNS에서 우연히 팔로우하게 됐다. 내 아이들 어릴 적, 같이 읽어 주던 책이었기에 호감이 갔다. 솔직하고 꾸밈없는 민낯을 그대로 보여주는 사람이다. 용감한 사람이다. 작가의 대담함과 자신을 솔직하게 드러내는 자신감을 응원하며 지지한다. 우리는 타인의 다양한 삶을 경험한다. 그는 눈을 뜨자마자, 파자마 바람으로 하늘을 향해 팔과 다리를 사정없이 흔들었다. 그렇게 해서 정신을 차린다고 했다. 어, 그래, 하면서 나도 시도해 봤다. 정말 신기하게도 잠이 달아나고 정신이 순식간에 맑아졌다. 손끝 발끝의 혈류가 나의 뇌로 향하면서 정신이 번쩍 들었다. 하지만, 누군가 그런 동작을 하지 않았다면, 그리고, 내가 동작을 따라 해보지 않았다면 몰랐을 세계다. 우리는 모방을 통해 삶을 배우며 산다. 장점을 모방하고, 내 것으로 소화해 또 다른 세계의 창조를 거듭하며, 내가 그랬듯이 다른 이들에게도 영향을 미치며 삶을 사는 것이다.

자판 필사는 기상 직후, 나의 정신을 깨우는 스트레칭과 같다. 몸을 깨우듯이, 나의 정신을 깨우는 방법으로 최고이다. 나의 하루 삶의 목표는 어제보다 나은 나로 사는 것이다. 일상을 채우며 우리에게 주어진 하루는 순식간에 지나간다. 작은 것이라도 실천하지 않으면 어제와 별반 다를 것 없는 삶을 살게 된다. 우리는 반드시 노화의 과정을 거친다. 육체적, 정신적으로 수용할 수 있는 범위가 점점 좁아지는 것이다. 유난히 빨리 지나가는 시간, 노화라는 자연적인 현상이 가져오는 허탈함을 채워야 한다. 나이와 상관있다. 촘촘했던 뼈에 바람이 들 듯이 마음 또한 공허함으로 채워진다. 공평하게 주어진 시간이

길 것 같지만, 우리의 행동 보폭만큼이나 공평하지 않은 시간을 맞이하게 된다. 그래서, 찰나의 시간도 소중하게 다뤄야 한다. 얼마나 가치 있는 것으로 내 인생을 채워야 할지 생각해야 한다. 어제보다 나은 삶, 행동 목표를 세우고 실천할 때 비로소 터득할 수 있다. 나는 필사를 통해 새로운 삶의 세계를 발견했다. 나만의 루틴을 만들어 실천하고 있다. 현재도 진행 중이다. 이전에 경험하지 못했던 세계. 의욕이 떨어져 복잡해진 마음이 다스려지지 않을 때, 정신이 고갈되어 회복이 불가피할 때도 나는 필사를 한다. 비워진 곳간을 채우듯 희망으로 채운다. 마음의 평정을 찾아 소중한 순간을 포착한다. 좋은 경험은 반복한다. 내 몸과 마음에 자판 필사가 안착하는 순간, 내 삶은 어제보다 나은 삶이 되며 매일 매일의 신세계를 경험하게 될 것이다.

자판 필사로 깨운 정신은 일목요연한 하루를 자신에게 선사한다. 끊임없는 행동이 주는 보상이다. 글을 쓸 수 있는 나여서 참 좋다. 각성하듯 내 뇌리의 문이 열린다. 나는 매일 변화하고 있다. 글을 쓰면서 내 삶의 패턴은 완전히 달라졌다. 엉덩이 무겁게 앉아 책을 읽고 글을 쓰면서 지내는 시간은 정신에 한 획을 그어주었다. 매일 반복되는 일상, 눈에 띄는 특별한 변화는 없다. 식사 준비, 청소, 빨래, 가족을 챙기고 직장을 다니는 등 일상적인 일을 무감정으로 해치운다. 그런 나에게 삶의 변곡점이 된 것은 필사하면서였고 글쓰기였다. 정신이 채워진 만큼 모든 것에 우선순위가 자연스럽게 정해졌다. 꼭 필요로 하는 시간 외의 낭비 시간을 줄여나갔다. 이전에 느껴보지 못한 삶의 재미와 기쁨을 알게 했고, 긍정적인 에너지로 내 몸을 채웠다. 일상에 집중력을 발휘해 빠른 해결이 가능하고 좋아하는 것에 몰입한다. 이 정도의 변화는 필사로 삶을 해결하는 것과 같다. 작가의 삶을 통해 얻은 지혜를 터득하며 배움이 즐겁다. 일상이 된 책 읽기와 글 쓰기. 모든 면에서 달라진 나 자신을 좋아하게 됐다. 어제보다 분명 나는 발전했고, 앞으로도 많은 성장을 기대한다. 관찰자의 시선으로 나 자신을 바라보며 통찰력을 기른다는 것, 또한 매력적인 일이다. 귀와 눈에 무심했던 것이 마음으로 향하며 의미 없던 것 속에서 삶의 메시지를 깨닫기를 바란다. 나는 글을 쓰기 전, 자판을 통한 필사부터 시작했다. 자판으로 필사하는 것이 무슨 의미가 있고 발전이 있냐고 무시할 수 있다. 나 자신도 처음에는 자판 필사에 대한 믿음이 없었다. 하지만, 필사의 시간이 쌓이면서 하찮아 보였던 필사가 귀하게 여겨지고 나의 삶 깊숙이 들어왔다. 내면의 성장은 불편했던 마음과 시선에도 변화를 주었다. 삶을 어떻게 살아야 하는지 생각했고, 불안했던 삶을 긍정적인 확신으로 채웠다. 삶의 구석구석 영향을 받았으며 새로운 아이디어는 이전과 다른 삶과 편안함을 주었다. 삶의 전환이다. 장작이 활활 타기 위해선 작은 불씨로도 충분하다. 자판 필사는 글쓰기에 있어 불씨 같은 존재이다. 내가 지닌 생각의 도화선이 불씨를 만나야 불꽃을 일으키듯, 자판 필사는 풍요로운 삶의 충분한 도구가 되어 준다. 나를 이전과 다른 세계로 들어가게 했고, 새로운 삶을 살게 했다. 시작해야 한다. 어제보다 나은 나, 어제보다 행복한 나로 살고 싶지 않은가? 삶의 즐거움과 희열을 꼭 맛보게 될 것이다.

자판 필사로 맛본 나의 신세계는 책의 출간이다. 작은 것이 쌓여야 큰 것을 이룬다. 나는 친구의 권유로 필사를 시작했다. 그리고 책을 출간했다. 조금의 끈기만 발휘한다면 누구나 가능한 일이다. 자판 필사, 생각 없이 가볍게 시도해 보길 바란다. 필사하면서 변화를 직접 체험하면 알게 된다. 처음부터 욕심내지 말고 끈기 있게 꾸준히 필사하자는 마음으로 한 줄부터 시작해도 괜찮다. 자판을 치는 손끝의 세포가 움직이며 당신의 잠자던 뇌를 깨워줄 것이다. 이전과 다른 정신으로 새로운 세계를 맛보게 될 것이다. 잘 살고 싶지 않은가? 삶을 대하는 생각과 태도에 변화를 주고 싶은지. 자신을 돌아보고 삶을 재정비하면서 살아야 한다. 자판 필사로 시작해 보자. 발명가의 작은 호기심이 인류를 구한 것처럼 작지만 사소한 것을 놓치지 않았던 눈길과 행동이 있었기에 가능했다. 하물며 나 자신을 구하는 작고 사소한 행동을 안 할 이유가 없다. 많은 가치를 품은 행동. 꼭 실천하길 바란다. 시간은 한 방향으로 꾸준히 흘러간다. 우리는 어떤가. 시간이 흐르는 만큼 나의 삶도 줄어들고 있다. 미루지 말고 자판 필사를 꼭 하길 권한다. 인생이 유한함을 기억해라. 자판 필사로 삶을 쓰는 삶, 멋진 일이다. 내 인생 내가 마음먹은 대로 한 번 살아봐야 하지 않겠는가. 내 인생의 신세계는 어디에 숨어 있을지 모른다. 내가 자판 필사로 책 쓰면서 신세계를 경험했듯이, 여러분도 경험해 보길 바란다.

필사하면 글쓰기 본능이 되살아난다

'나에게도 글쓰기 본능이 숨어 있었다!'

필사하면서 글쓰기 본능이 있음을 발견했다. 우리가 하는 입말에는 한계가 있다. 이에 반해, 글로 쓰는 글에는 사물을 훨씬 깊이 있게 들여다볼 수 있는 마중물 같은 뭔가가 있다. 하루에도 수없이 많은 일이 발생힌다. 그 속에서 삶이란 것을 생각해 봤는가? 자신에게 먼저 물어보자. 삶의 이유와 답을 찾을 때 그 환희를 느껴야 봐야 한다. 우리 자신은 무심히 지나칠 존재가 아니다. 귀하고 귀한 존재다. 그런 자신의 삶을 남의 주장이나 의견으로 좌지우지하게 내버려두어서는 안 된다. 자신의 인생이다. 삶의 고난도 기쁨, 슬픔, 상실, 후회 등 수 없이 많은 문제를 스스로 해결하고 답을 찾아가는 길이 인생이다. 그런 때일수록, 자신을 불편한 감정 속에 속박하지 말아야 하며, 빠른 전환이 시급하다. 옳지 않은 감정으로 인해 삶을 허비하지 않길 바란다. 나는 눈물도 많았고 주변 환경에 지배받는 감정선이 예민한 사람이었다. 좋게 말하면 섬세하다고 하지만 마음이 여리다고 표현한다. 자신을 낮추고 내 주장 없이 살아가는 것은 사실, 괴로운 일이다. 소중한 것을 놓치고 난 뒤의 깨달음만큼 안타까운 것은 없다. 그래서, 꼭 알려주고 싶다.

'한 마디로, 이유 없이 그냥, 글을 써보는 것이다. 나와 독대하고 자신과 대화하기, 해보면 안다. 쓰다 보면 또 쓰게 되고 답을 찾는 과정을 통해 행복해지니까, 계속 써야 한다.' 무조건 써야 하는 이유를 자신에게 물어야 한다. 글쓰기는, 나 자신을 3자의 눈으로 세상을 보도록 하며 자신을 탐구하고 거기서 얻은 답과 지혜로 삶의 그림을 그리게 한다. 삶에 대한 기대로 만드는 시너지를 얻는 것이다. 즉, 글쓰기가 밑바탕을 만들어 내 삶의 주관자로서 앞으로 밀고 나아가는 힘을 얻게 한다. 자판 필사 같은 소소하고 반복적인 행동이야말로 우리의 잠재된 글쓰기 본능을 일깨우고 키우는 역할을 한다.

12월이다. 50년 이상의 시간 동안 12월을 맞고 있다. 나는 크리스마스를 동경하며 1년을 기대하며 산다. 매년 언제나 12월을 기대하고 기다린다. 기독교 신자는 아니다. 그런데, 왜 나는 12월을 유난히 좋아하며 기다렸던 것일까? 또, 감동과 기대가 지속되어 왔던 이유는 무엇일까? 고난을 겪을 때조차도 12월은 언제나 나의 희망이 되었던 까닭은 무엇일까? 나에게 12월은 감동이고, 삶의 버팀목이었으며 행복의 모습을 한 특별한 달이다. 누구나 그런 날이 있지 않은가? 글쓰기는 이런 나의 이력을 찾아 떠나는 여행이다. 초등학교 다닐 때, 기억이 났다. 해마다 크리스마스 날, 다른 마을에 있는 예배당에 동생이랑 손잡고 예배드리러 갔다. 사실 많은 시간이 지나는 동안, 단편적인 기억과 감정이 남았을 뿐, 모든 것이 기억난다고 할 수 없다. 교회의 마룻바닥, 양초로 칠해 문지른 바닥은 투박하지만 번들거렸고, 정이 갔던 느낌과 포근한 감정, 맛있는 과자, 찬송가 소리에 희망과 소망으로 아늑한 분위기, 무척이나 평온하고 행복했던 기억이다. 나의 동심 세계는 어쩌면 많은 행복의 근간으로부터 시작일 것이다. 과거의 기억 중 가장 평온한 시간 중의 한 장면이 아닐까 한다. 기억은 사라져도 감정은 사라지지 않는다고 한다. 좋았던 감정과 기억은 절대 사라지지 않는다. 나의 잠재의식에 그대로 존재하다 12월이면 영락없이 기쁨과 감동으로 맞이하게 된다. 현재는 미래의 삶의 밑바탕이 된다. 이제는, 왜? 라는 질문에 답할 수 있다. 과거에 형성된 어린 나의 관념이 나의 12월을 누구보다도 행복하게 만들었다. 현재의 삶은 과거의 삶으로부터 기인한다. 이것은 피할 수 없는 순서이다. 그렇다면, 나는 어떻게 사는 것이 옳을지 답을 찾은 것이다.

현재를 사는 방법이 과거로부터 습득되듯, 멋진 미래를 꿈꾼다면 현재를 잘 준비해야 한다. 무엇으로 할 것인가? 나는 확실한 방법을 찾았다. '글'이라는 보이지 않는 힘으로 기대하는 삶을 살고 있다. 생각을 글로 쓰고 내 삶을 돌아보며 통찰한다. 손끝의 감각을 살리는 필사로 정신적인 힘을 기르고 기억력을 확장 시키면서 글 쓰는 본능을 찾았다. 과거의 행복했던 기억을 소환하고 현재의 삶을 통해 살을 보태며 미래의 나에게 전달한다. 유한한 삶이라는 단서를 지닌 채 우리는 살아간다. 아름답던 동심처럼 순수한 경험이 많을수록 우리의 삶은 풍요롭고 윤택하게 살 가능성을 높인다. 정신적인 것이 중심이 되어 내 삶이 된다. 현재의 모습은 과거의 내가 생각하고 했던 것의 또 다른 양상으로 나타난다. 삶이 바쁘다는 핑계로 곳간을 열쇠 채워놓듯 내 기억이 강제도 갇혀있는 셈이다. 수시로 찾아드는 감정을 무시하지 말고 글로 풀어 쓰는 것, 중요하다. '왜?'라는 질문으로, 현재를 사는 이유를 찾아 삶의 방향을 알려주기 때문이다. 나는 글 쓰는 방법과 능력을 키우는 중이다. 메모와 기록 수준이었던 글이 형식을 갖추고 메시지를 담은 나만의 이야기로 풀어낸다. 나에게서 새로운 점을 발견한다는 것은 그야말로 신세계였다. 감정도 계발하면 얼마든지 다듬어진다는 것을 글 쓰면서 알게 했다. 글쓰기는 인간관계 속에서 나를 지키는 강력한 무기가 되어 줄 것이다.

　내적인 성장을 원한다면 글을 쓰라. 며칠 자지 못한 잠을 초저녁에 몰아서 잘 때가 있다. 깊은 숙면을 하고 나면 몸이 원래대로 회복되고 아주 가볍다. 맑은 정신에 다가오는 것이 있다. 자기 전에 석연찮은 나의 모습이 마음에 걸리다가 문득 떠오른다. 마음의 불편함은 어디서 오는 걸까, 내면의 목소리에 귀를 기울여 내 마음을 살펴준다. 그리고 생각하고 또 생각한다. 아! 하고 깨닫는 나의 음성에 무릎을 치게 된다. 우리의 본성은 원래 깨끗하게 타고난다. 그리고 성장 환경과 여러 가지 요인에 의해 후천적으로 습득된 성향은 정체성이 된다. 대체로 어릴 적 형성된 정체성이 개인의 삶을 지배한다고 생각한다. 스스로 자각하고 후천적으로 의식하지 않으면 그 행동이 본래 나라고 착각하며, 무의식적으로 옳다는 생각으로 사는 것이다. 불교 용어로 말하자면 '업'이라 생각한다. 내가 지은 것, 이전에 이미 결정지어진 상황, 결국은 나로부터이다. 스스로 자각하지 않는다면 이전에 했던 행동이 모두 올바른 것이라 믿으며 이전의 가치관을 고수한다. 내가 다 옳은 양. 이것을 깨닫기까지 나는 오랜 시간이 걸렸다. 어쩌면 인생을 살아봐야 아는 건지도 모를 일이다.

　내가 글을 쓰는 이유는 이런 것이다. 나의 내면 생각을 사색하고 사유로 얻어진 통찰이 무심히 반복되는 잘못된 생각을 고쳐 나가며 살기 위해서이다. 오랫동안 누적된 것을 한꺼번에 고칠 수 없다. 낙숫물에 바위가 뚫리듯, 생각의 반복을 통해 아주 조금씩 변화되기 때문이다. 나에게 고착된 생각의 껍질을 한 겹씩 벗겨내야 그 틈에 새로운 관념들로 채울 수 있다. 의식적으로 노력하는 중요한 일이다. 내면의 나를 보살펴주어야 한다. 나의 삶을 조금 더 기품 있게 살고자 한다면, 꼭 필요한 과정이다. 자신을 점검하고, 왜 그런지 묻고 물어, 메시지가 전해지는 순간을 잽싸게 낚아채야 한다. 그런 때, 자판이나 연필을 잡고 글로 써보자. 형식도 없는 날 것의 생각을 적어 내려가게 된다. 연기처럼 순식간에 사라져 어떤 생각을 품었는지 기억조차 나지 않기 때문이다. 어떤 책에서는 개념 정체성에 대해 말했다. 그 단어에 나의 정신이 흔들렸다. 생각해 보면, 상대나 자신이 마음과 전혀 상관없는 행동을 할 때가 있다. 바로 그 순간이다. 내면 깊숙이 들어가 보아야 한다. 오랫동안 풀리지 않던 인생의 문제가 해결되기도 하고, 끝없는 문제에서 놓아 줄줄 아는 마음도 터득하게 된다. 타인과 함께 사는 세상, 우리는 자신을 올곧게 세워 놔야 한다. 독자적인 삶 위에 타인과의 삶이 조화롭게 유지되어야 잘 살 수 있는 것이다. 자신이 지혜와 혜안을 가진 성숙한 사람으로 거듭나야 한다. 인생 한순간이다. 사람의 본질은 기쁨, 사랑, 행복과 같은 긍정적인 것이 바탕이라 한다. 이왕이면 본질에 맞는 삶을 살아보자. 삶을 대하는 태도의 변화로 인생의 깊은 맛을 찾아 잠자고 있던 글쓰기 본능을 깨워 보자. 나는 글을 쓰면서 인생의 맛을 아는 여행을 하고 있다.

글쓰기 본능은 누구에게나 있다. 단지, 발현되지 않았을 뿐이다. 자판 필사로 글쓰기 본능을 깨어보자. 자판 필사에 도전하길 권한다. 반복이 정답이다. 반복적인 행동이 쌓일 때, 성장하려 발버둥 치는 내면의 무의식도 문을 열어준다. 열린 내면은 반복된 행동을 통해 저절로 강화된다. 나는 필사로 의식의 문을 열었다. 글쓰기 본능이 살아나면서 나는 분명한 사람으로 살고 있다. 도전을 두려워하지 않을 용기가 생겼고, 계속해서 성장하는 중이다. 좋아하고 즐기는 일만큼 좋은 것, 없다고 한다. 나는 글쓰기를 즐기고 있었다. 글은 겉보다는 내면의 나에게 집중하게 만들어 부족하게 느껴졌던 삶을 채워주었고, 인간적인 향기를 풍기며 나만의 생각과 메시지를 펼치게 했다. 혹시, 삶에 대해 생각해 본 적 있다면, 글쓰기로 본인도 몰랐던 본능을 깨워보길 권한다. 할수록 좋아진다. 글도 마찬가지다. 쓰면 쓸수록 글은 더 쓰고 싶어진다. 그 속에서 내 삶을 정확하게 알게 한다. 삶, 명확한 정신을 가지고 살면 알게 되는 많은 비밀을 체험해 보길 바란다. 글 쓰면서 나도 몰랐던 글쓰기 본능이 나를 깨워줄 것이다. 어제보다 성장한 나에게서 공감과 위안과 힘을 얻게 된다. 결국, 모든 것은 나로부터였다. 그것만이 삶의 답임을 글을 쓰면 알게 될 것이다.

내 이름 박힌 책 1권의 위력은?

"최 정 님"

서점 사이트에서 내 이름을 검색하면 내 이름 석 자가 뜬다. 살다 보니, 특별한 일이 나에게 일어났다. 우연히 시작된 것이 필연이 되어 내 삶을 이끌고 있다. 눈 뜨면 책을 읽고 글을 쓰는 삶이 시작되었다. 작가마다 글 쓰라고 강조한다. 간접적인 체험보다 직접 체험해 보는 것이 중요했다. 첫 책이 나온 뒤, 나는 사람들의 환호를 받았다. 작가가 아무나 할 수 없다는 통념 때문이다. 그런데 어색하고 부족했던 나를 '작가'라고 부를 때 쥐구멍에라도 들어가 숨고 싶은 심정이었다. 아무나 하지 못한다는 편견이 부담스러워 선뜻 남 앞에 나서지 못하게 했다. 내 생각과 반응은 판이했다. 친구도 환호했고 조카는 그랬다. "작가는 이모랑 잘 어울린다."라고 말해 주었다. 조카한테 칭찬을 들었다. 당당하게 말할 수 있다. 인생에서 미치고 푹 빠질 수 있는 재밌고 즐거운 일, 하나쯤은 있어야 한다. 거기다 내 이름 석 자 박힌 것이라면, 최고의 인생이고 만족스러운 삶인 것이다.

우리 회사에는 여러 명의 기사님이 같이 일한다. 새벽에 출근해서 배송이 끝나고 특별한 일이 없으면 현지에서 퇴근한다. 오랜 시간 동안, 많은 기사님이 우리를 스쳐 지나갔다. 우리는 입찰을 통해 학교를 낙찰받아 물건을 납품하며 사업을 운영한다. 보통, 3개월 길면 6개월씩 계약하고 납품했던 것을 청렴한 문화 정착을 이유로 매달, 매달 입찰하고 낙찰받는 절차를 거친다. 그래서, 한 달에 한 번씩 학교가 바뀐다. 기사님은 선정된 곳의 납품 시간에 따라 배정된다. 사업 초기, 우리는 겁도 없이 방대하게 사업을 시작했다. 규모가 큰 만큼 지역분포도 당연히 넓었다. 원거리부터 근거리까지 다양한 곳이 분포했다. 그리고, 기사님의 입장에선, 이왕이면 근거리에 있는 곳에 배정되는 것이 좋다. 그럴 때마다 가장 멀리 있는 학교에 배정되는 기사는 안타깝지만, 대체로 분리한 조건을 가진 분이 배정된다. 노령이라는 나이였다. 성실하고 불평불만이 없는 사람이 먼 곳을 담당한다. 그리고,

그때 그 기사님은 지금도 우리와 같이 일한다. 누구보다도 우선순위에 두게 되는 사람이다. 남들이 싫어하는 것도 단, 한번 싫다는 내색 없이 일했다. 그분은 75세 노장이다. 고령이시다. 사업 초기부터 지금까지 동반한 분이다. 기사님은 납품한 곳에서 클레임이 발생할 경우, 직접 해결한 뒤 오전 일과를 끝낸다. 주로 담당 기사가 처리한다. 비용은 월말에 한꺼번에 처리한다. 기사님의 필체는 명필에 가깝다. 노란 봉투에 엑셀로 비용을 깔끔하게 정리한 내역서와 함께 봉투 겉면에 쓰인 '최정님 대표님 귀하'라고 쓴다. 필체 속에서도 성의 있고 정성이 담긴다는 것을 나는 그때 알게 되었다. 그리고, 내 이름과 호칭에 묵직한 책임감을 느꼈다. 리더는 어떤 사람인가에 대해 생각하게 되었다. 존재의 의미로 다가왔고, 감사했다. 작은 마음에도 소홀히 하지 않을 것이라 다짐했다. 그분들이 있어 우리가 있음을 되새기며 상생을 이어가고 있다.

내 이름과 호칭은 나이고, 나를 정의한다. 내 이름을 불러 줄 때, 내 이름에 맞는 사람으로 살자고 다짐한다. 이름이 주는 힘이다. 내 이름 박힌 책이 처음 출간되었다. 우리 할아버지는 인생 살면서, 내 이름 석 자를 남기지 못한 것을 한탄하셨다고 했다. 어릴 때는 그 말에 어떤 의미가 담겼는지 이해하지 못했다. 막상 책에 내 이름 석 자가 올려지니, 이제는 알 것 같다. 거창하지 않아도 좋다. 내 이름 석 자를 걸고 일하고 책을 쓰는 '최 정 님' 작가로서 진정성 있게 글을 쓸 것이다. 처음 책을 받았을 때, 가슴을 누르는 묵직함이 있었다. 즐길 수 없었다. 잘할 수 있을까? 고민했다. 이름값에 맞는 행동을 해야 했고 적응 기간이 필요했다. 나이 드신 기사님이 나를 대표님이라고 부를 때 '내가? 무슨 대표?' 나는 나 자신을 믿지 못했다. 하지만 시간이 지나면서 태도나 생각이 달라졌다. 어차피 사업하는 것, 그 이름에 맞는 나로 거듭나자고 마음먹었다. 다양한 사람들 속에서 어디에도 치우치지 않는 공정함을 생각했고, 낮은 자의 자리에서 상대의 입장이 되어 소통하려 했으며, 진정성을 가지고 매사에 임하려 했다. 기본을 지키고 마음에 치중했다. 그리고 지금은 그 타이틀이 무겁지도 불편하지 않다. 처음엔 당연히 무겁게 느껴지지만, 차츰 내가 쓴 글이 나를 대변해 주었다. 내가 쓴 책은 바로 '나'이자 '분신'이다. 그런 나를 좋아하며, 이름 석 자의 가치를 높이기 위해 매일 글 쓰며 나의 성장과 발전을 도모한다. 바로 이름값을 하기 위한 발걸음이 아닐지 생각해 본다.

독서에 흥미를 갖게 만든 지인이 있다. 그는 젊을 때 출판사에서 근무했다. 책에 남다른 안목을 가진 분이다. 코로나로 세상 할 일이 없을 때, 우리는 전화로 소통을 이어가며 책에 관해 많은 이야기를 나

넜다. 운이 좋았다. 그즈음 나는 독서에 대한 깊은맛을 알게 되었고 꾸준하게 책을 읽었다. 생에 가장 한가했던 시간을 보낼 수 있는 날이 연속되었고, 글쓰기의 예행 연습하기 참 좋은 시간이었다. 필사를 초석으로 글을 쓸 수 있는 나를 단련시키면서 보낸 시간 동안, 나는 성장에 성장을 거듭했다. 성장이 성공만 있지 않다. 실패도, 슬럼프도 이겨내야 우리는 보이지 않지만, 계속해서 성장한다. 그리고, 그러한 행동은 자연스럽게 꾸준히 이어가는 것이다. 시의적절한 필사. 생각을 녹여 내는 글쓰기, 가치 있는 독서 덕분에 나는 책을 출간할 수 있었다. 그리고, 코로나로 주어진 몇 년의 시간은 나의 삶을 바꿔놓을 만큼 충분한 시간이었다. 출간 소식을 전해 들은 지인은 바로 나의 첫 번째 독자다. 지인은 나의 이름 석 자의 사인을 받기 위해 책을 받자마자 연락했다. 출판사에서 일한 경험과 책을 좋아하는 지인은 책 출간이 되기까지 열정과 노력이 얼마나 필요한지 아는 사람이다. 그런 인정과 응원에 감사했고 사인을 하면서 내 이름이 이렇게 멋질 수도 있음을 알았다. '인정받는 것이 이런 거였구나.' 그 마음이 고스란히 전해졌다. 글을 계속 쓰고 싶다는 생각이 들게 만든 분이다.

평범한 내가 출간했다는 것은 유명한 작가가 출간한 것 이상으로 가치 있다고 본다. 평범한 내가 평범한 누군가에게 얼마든지 글을 쓰고, 책을 낼 수 있다는 자신감을 심어주기 때문이다. 생각을 바꾸고 성실하면 된다. 누구나 가능한 일이다. 외면보다 내면에 치중하고 싶을 때, 혼자보다 더불어 사는 것에 가치를 둘 때, 삶이 지루할 때, 자신만의 고통을 이겨내고자 할 때, 글쓰기를 해보라고 권하고 싶다. 자신의 삶을 글에 담아보는 것이다. 내 글을 쓰다 보면 내 마음을 점검하게 되고 이유와 삶이 주는 메시지를 자연스럽게 깨닫는다. 글을 쓰면서 알게 된 소중한 가치들로 변화와 성장을 꾀하고 자신을 보호할 수 있는 능력을 갖추게 된다. 일상의 회복에 대한 탄력성도 물론 좋아진다. 어떤 상황에도 굴복하지 않는 자신을 찾은 것이다. 글을 통해 삶의 방향을 찾게 되고, 귀하고 소중한 삶을 가치 있게 살고자 하는 나로 우뚝 섰다. 나는 나이다. 모든 것은 나로부터 시작하는 것을 기억한다면 내 삶은 내가 연출하며 살게 된다. 자신의 감정을 인정하고 내 삶을 영위해 보길 바란다. 나는 이제, 내 이름 석 자에 대한 자신감을 가지고 오롯이 나의 삶을 살 것이다. 내가 원하는 삶을 사는 것, 내면으로부터 만들어진 단단한 의식이 결국, 내 이름에 적합한 삶을 영위한다고 믿는다.

내 이름 적힌 책 1권 출간의 위력은 크다. 내 이름에 대해 깊이 생각해 본 적이 별로 없을 것 같다. 나도 생각해 본 적 없다. 이름은 사람을 구별하기 위해 붙여진다. 이름이 그 사람의 정체성이 된다. 이름은 다양한 환경과 의견에 따라 붙여지며 그래서 이름은 개인의 정체성이 되는 것이다. 내 이름이 나를 말한다. 어떤 사람인지 이름만 들어도 안다. 이름으로 나를 정의한다. 어떤 사람으로 살고 싶은가? 생각과 가치관을 정립하며 산다. 정확한 기준 없이는 아무것도 할 수 없다. 본인의 이름으로 인생을 사는 것이다. 이름값은 어떻게 측정할 수 있을까? 노력이나 시련을 딛고 일어섰을 때, 우리는 인정의 무게가 실릴 때, 이름이 힘을 갖게 된다. 진실한 삶이 녹아있는 이름이야말로, 진실로 대하게 하는 이름으로 대접받는 것이다. 나는 글을 쓰면서 비로소 나의 이름에 대한 무게감이 무엇인지 감 잡게 되었다. 어떤 무게감으로 불리고 싶은가? 나를 제대로 알아야 한다. 글쓰기와 필사는 내가 나에게 무심했던 사실을 알게 했다. 이름이 가진 힘만큼 나의 자존감도 살아난다. 새로운 정의로 새로운 멋진 정체감을 형성한다. 내 이름, 나의 책임과 인정을 뜻한다. 글의 진솔한 내용은 책임감 있는 나로 이끌어 준다. 한 번뿐인 인생이다. 지금 결심해도 빠르지 않다. 아무것도 시도하지 않았을 때의 이름은 그저 그런 이름이다. 가볍다. 가벼움에는 깊이가 없고 사색과 통찰이 부족하다. 소중하지만 가벼운 이름으로 살기에 짧은 인생이다. 내 이름에 깊이 있게 생각해 본 적 없기에 이만하면 된다고 생각하며 삶을 살았다. 뒤늦게 글을 쓰면서 많은 것을 깨달았다. 내 이름 석 자에 관한 생각의 변화다. 나는 작가이다. 글을 쓰면서 이름이 갖는 위력이 얼마나 많은 영향을 끼치고 내 이름으로 사는 삶이 얼마나 행복한지 알게 될 것이다. 글을 쓰고 책을 쓰는 삶은 나의 이름이 갖는 정체성까지도 변화될 만큼 위대하다. 위대한 힘, 바로 위력을 지니게 만든다. 글쓰기와 책 쓰기를 해보고 그 위대한 힘을 느껴보시길 권한다.

출간하니 남편도 나를 인정한다

"최 작가님~~."

남편이 내 이름을 작가라고 부른다. 장난스럽지만, 기분 좋다. 최 작가라고, 순수하게 불러주는 그 호칭이 글쓰기를 놓을 수 없게 하고 그 길을 계속 걷게 만든다. 첫 번째 책이 나오자, 남편은 친구들 모임에서 자랑했다. 이제는 앞으로 작가로서 걷는 일만 남았다. 남의 시선에 의식하지 않고, 나만의 길을 걸어가야 하는 이유가 분명해졌다. 어쩌면 '최 작가님'이라고 불러줄 때, 계속해서 글을 쓰라는 메시지이자 남편의 열열한 응원으로 나는 받아들였다. 이때만큼은 남편은 더 내 편이 되어 주었다. 필사 해보라고 친구가 권했다. 요즘은 친구처럼 나도 역시 필사를 권하게 된다. 친구가 권했을 때 필사하지 않았다면 지금의 나는 없었을 것이다. 그리고, 남편이 자랑스럽게 불러주는 최 작가 역시 존재하지 않는다. 글을 쓰면서 깨달은 사실은 필사도 가치 있지만, 글을 쓰면, 필사에 비할 수 없고 말로 표현하지 못할 가치가 글쓰기에 있다는 것이다. 나는 글을 쓰면서 "가화만사성"을 이루었다. 남편의 아내에 대한 인정은 아내를 괜찮은 사람으로의 변모를 갖추게 했고, 그 호칭에 적합한 사람으로 거듭나려고 노력하게 했다. 정신이 고양되며 내면의 품격을 만들어 가는 것이 얼마나 멋진 일인지 겪어보지 않으면 절대 모른다. 그런 내적인 만족은 가족의 화합에 가장 필요로 했기에 가장 중요한 것을 이루며 살고 있다. 예전에 나는 "글쓰기, 늦기 전에 하라."고 말했다. 그런데 지금은 달라졌다. "글쓰기, 늦었다. 어서 시작하라."고 말한다. 지금을 잘 사는 가장 좋은 방법이다. 삶이 하루아침에 바뀔 수도 있다. 그 삶, 내가 잡지 않으면 제대로 살 수 없다. 어떻게 살 것인지 고민하지 말고, 지금 필사하고 나를 위한 글부터 써보길 강력하게 권한다. 우연히 시작했지만, 필연처럼 살아가는 글쟁이도 꽤 괜찮다. 글쓰기로 삶의 가치를 발견하면 누구나 글쟁이 하고 싶을 것이다.

출간이 주는 기쁨을, 두 번째 책에서 만끽했다. 나의 두 번째 책은 《삶이 글이 되고 글이 삶이 된다》 라는 필사북이다. 나는 어릴 때부터 주변의 인정을 받으며 살았다. 초등학교 시절에는 착해서, 중학교 때는 인사를 잘해서, 학교를 졸업하고 입사를 해서는 적극적이고 긍정적인 사람으로 인정받으며 잘 살아온 편이다. 그런데, 유일한 한 사람의 인정을 받지 못했다. 바로 남편이었다. 사실, 남편의 심성은 아주 선하다. 세상 성실하고 알고 보면 진국이다. 그런데 그 '알고 보면'이란 시간은 한두 해 겪지 않고서는 모른다. 아니면 마음이 아주 넓은 상대를 만나거나, 세상 온갖 경험을 통해 내공이 쌓인 자를 만나지 않는 이상, 이해받기도 소통하기도 쉽지 않은 사람이다. 그런 경우, 어떤 일을 해도 만족이 없고, 긍정보다는 부정에 초점을 두게 되며 관대하지 못한 느낌으로 받아들여진다. 잘해주고 욕먹는 격이다. 남편의 이야기는 끝이 없는 글감으로 등장할 것 같은 예감이 든다. 글을 쓰다 보면, 사색이란 것을 한다. 남편이란 글감으로 꼭지 제목이 주어졌을 때, 남편을 분석했다. 남편은 말했다. 돈을 버는 이유가 아내인 나한테 뭐든 사주고 싶어서 번다고 이야기했다. 부러워할 필요 없다. 예를 들어, 목걸이를 사준다. 아주 기분 좋은 행복한 일이다. 문제는 끈기 없는 성격으로 다른 대화 주제에 의견이 자신과 맞지 않을 시, 본색을 드러낸다. 대화 속에 화가 끼어들고 언성이 높아지며 대화는 곧 단절된다.

　내가 글을 쓰는 이유 중의 하나는 나의 삶을 사랑하기 때문이다. 어느 날 조용히 생각해 봤다. 나는 인정받지 못하는 것이 아니라, 구박을 당하고 있었다. 그 사실에 가슴이 아팠다. 남편이 5살 무렵, 같은 나이의 조카와 대가족이 함께 살았다. 3대가 같이 살았던 시절이다. 어머님의 아들로 태어난 남편, 형님의 아들로 태어난 조카. 그런데 불행히도 그 조카는 5살에 하늘의 별이 되었다. 같은 집에 살았던 어린 아이인 남편은 드러내놓고 사랑받지 못했을 것이고, 어쩌면 남모를 구박을 받으며 살았을 것이다. 그 아이의 기억에 없는 것처럼 보였지만, 그의 잠재의식에 줄이 되어 남아 있다는 것을 글 쓰면서 이해했고 깨닫게 되었다. 나의 질문은 '당신은 왜 나를 구박하냐?'였다. 그 순간, 남편도 깨달았을 것이다. 자신도 모르는 행동, 누군가 말해 주기 전에 그 행동이 옳다고 착각한다. 그 이후 나는 변화를 경험했다. 글을 쓰면서 알게 된 사실이 하루에도 수없이 새롭게 다가온다. 인정은 다른 사람이 해주어야 한다고 우리는 생각한다. 아니었다. 내가 나부터 인정받고 수용 받을 때, 남편도 이해와 수용으로 마음이 펴지며, 나를 인정하고 그렇게 서로를 인정하게 되는 것이었다. 글은 나에게 삶을 이어주고 원하는 삶을 살게 한다. 지금, 이 순간도 내 삶을 사랑하며 남편의 삶을 인정하며 언제나 응원할 것이다.

　글을 쓰기 전 나는 필사부터 했다. 집중할 수 있는 유일한 나의 시간. 현실로부터 도피해 다른 세상에 숨었다. '왜?' 남편의 어릴 적, 형성된 자아에 대해 나는 나의 첫 출간 책에 언급했다. 어떤 책에서 '개념적 정체성'이라고 표현했다. 어릴 적, 인간의 타고난 본성에 여러 가지 환경적인 요인에 의해 형성된 개인의 관념이다. 본의 아니게 겪어야 하는 상황 속에서 자아가 정립된다. 성인이 되면 이미 만들어진 관념이 삶을 지배하며 자각하지 못하고 성인이 된다. 이처럼 어릴 적 형성된 관념으로 성장하며 결국, 자신은 어떤 사람이라고 스스로 규정한다. 본래 그런 사람이 아닌데, 그런 사람이 되어 살아가는 것이다. 삶은 더불어 사는 것이다. 문제는 잘못 형성된 정체성은 본인의 인생뿐 아니라, 상대방의 삶까지 침범하며 같은 고통을 겪게 한다. 사랑과 기쁨으로 채워야 할 인생을 불평과 불만, 남 탓 등 많은 부정적인 생각과 감정으로 점철하게 된다. 입에 담지 못할 격한 말은 본인의 성품과 달랐고, 누군가 부추기듯 내는 화는 불기둥처럼 솟았다. 그럴 때, 소나기는 피해야 한다. 자리를 피하는 것도 방법이지만, 비겁하고 위선적인 행동이란 생각이 들었다. 정면 돌파가 아닌 잠시 의식적으로 자리를 옮기는 것이다. 나에게 의식적인 도피의 좋은 방법은 필사였다. 필사하면 마음에 안정을 찾게 된다. 그리고 글을 쓰게 된다. 아니, 글을 쓰고 싶게 했다.

필사했다. 완전한 변화와 탈피는 욕심이다. 오랜 시간의 축적이 있어야 제대로 변화한다. 쌓인 시간만큼, 끈기 있게, 지속한 행동의 결과이다. 나는 남편의 어린 자아를 인정했고 존중하며 지켜 주고 싶었다. 필사는 자물쇠를 열 듯, 닫힌 나의 입과 순간적으로 닫혔던 마음을 열게 했다. 현실에서 도피하는 것이 아니라, 나를 지킬 수 있는 유일한 수단이었음을 깨달았다. 나는 절실해서 글을 썼다. 누구도 알 수 없는 내 마음을 지키고 남편의 잘못 형성된 관념에서 벗어나고 싶었다. 2권의 책을 출간하고 나서 알게 되었다. 소중하고 가치 있는 지금, 이 순간에 집중해야 한다는 것을. 유한성을 갖는 삶의 모든 것이 소중했다. 현실을 인정하지 않았던 나, 남편이 변화되기만 기다렸던 나였다. 글을 쓰면서 나는 내가 변화해야 함을 깨달았다. 확실한 성장과 더불어 나는 유연한 사고자로 성장했다. 깨닫는 순간, 내 삶은 기쁨이며 남편은 든든한 울타리였다 그리고, 당당한 나를 나 자신이 인정할 때야 비로소 남편도 나를 인정한다는 사실을 깨달았다. 이전에 겪지 못한 나, 이전에 상상할 수 없었던 나, 이 모든 면에서의 변화는 남편까지 변화하게 했다. 늦은 나이에 시작한 글쓰기는 이렇듯, 늦게라도 우리의 삶에서 소중한 가치를 깨닫게 했고 서로를 인정할 수 있게 만들었다. 귀한 인연이 바로 곁에서 나를 지키고 있다는 사실을 기억하길 바란다.

출간하면 남편도 변화한 나 자신을 인정한다. 남편이 인정하기 전에 내가 먼저 나를 인정했어야 했다. 하지만 잘 몰랐고, 책을 쓰면서 조금씩 나를 인정하기 시작했다. 평범한 인생에서 비범하고 특별한 인생을 맛볼 수 있는 유일한 것은 단연 글쓰기라고 말한다. 빠른 행동만이 빠르고 많은 가치 있는 변화와 길을 열어준다. 남편을 이해하게 되었고 인정하게 했다. 그 인정이 나를 위한 인정이었음을 글 쓰고 책을 쓰면서 깨달았다. 사랑이 바탕이 되어야 한다. 삶이 불신, 불평, 불만으로 얼마나 많은 시간을 허비했는가. 지금, 이 순간에도 나보다는 남에게 집중하며 사는지 깨달아야 한다. 나 자신을 제대로 보면 다른 사람도 제대로 보인다. 나의 경험으로 비추어 볼 때, 나를 가장 많이 힘들게 한 것은 바로 '나 자신'이었다. 글을 써보길 강력하게 권한다. 글을 쓰면서 인정 욕구가 나로 향해야 모든 것이 충만하고 행복해졌다. 진정한 행복을 알게 되었고, 행복과 기쁨으로 내면이 채워질 때, 우리가 하는 모든 일이 긍정적인 결과로 이어진다. 우리가 의식하지 못한 사이에 많은 시간은 흘러갔고 허비했다. 귀하고 소중한 삶이다. 내 정신을 무엇으로 채울지 생각해 보자. 내가 나를 인정하는 것이 가장 우선이다. 글 쓰고 책 쓰면서 스스로 인정하는 것이 우선시되어야 한다. 아내를 작가라고 말할 때, 나는 인정받았고, 남편의 마음도 변화하게 했다. 글 쓰고 책 쓰는 삶, 결국 가정의 화목까지 이끌어주는 것이었다.

무엇보다, 책 쓰기는 성장이고 힐링이다

"샘, 안정적이고 뭔가 달라진 모습이세요. 멋지세요!"

나를 아는 지인이 출간한 후 나에게 해준 말이다. 책을 쓰면 성장한다. 나는 한 권의 공저와 필사 북을 출간했다. 최근 《삶이 글이 되고 글이 삶이 된다》를 추가로 출간했다. 한 해에 두 권의 책이 출간되었다. 내 인생에도 이런 꿀맛 같은 달콤한 일이 생겼다. 무난한 듯 특별한 책은 표지의 주황색만큼이나 따뜻하고 깊은 의미로 다가왔다. 삶에서 찾은 글감을 통해 나 자신을 점검하고 관찰하면서 좀 더 나은 나로 성장했다. 글 쓰는 시간은 힐링 시간이기 때문이다. 평범한 나도 책을 출간했다. 꿈도 꾸지 못했던 일, 자격이 안 된다고 생각했던 나에게 출간은 기적 같은 일이다. 글을 쓰는 것이 즐거웠다. 글 쓰는 시간을 통해 많은 것을 배웠고, 성장했으며, 삶에 대한 또 다른 열망과 희망을 찾게 되었다. '순간의 삶이 얼마나 소중한지 깨닫게 된 것'이다. 책 쓰기 가치의 정수이다. '지금'이라는 시간에 의미를 부여하며, 깊이를 더했다. 공저를 통해 나는 다양한 삶을 사는 작가들과 생각을 공유하면서 귀하고 가치 있는 많은 것을 깨달았다. 출판사가 보내준 두 번째 공저를 택배로 받자마자, 책에 자필 사인을 했다. "최 정 님", 마음을 다해 사인했다. 기쁨과 행복으로 나를 채웠다. 살면서 느껴보지 못한 감정이 온몸을 적시고 있었다. 무섭고 힘들었던 삶에서 나를 지켰고 내 곁에서 응원과 지지를 아끼지 않았던 사람들에게 꼭 선물해 주고 싶었다. 고마워서 감사해서, 나, 여러분 덕분에 잘 견뎠다고 감사를 전하고 싶었다.

만약, 내가 책을 쓰지 않았더라면, 지금의 나는 어땠을까? 자주 하는 질문 중의 하나이다. 아마 순간의 감정을 정제하지 못한 채 아는 것이 다라고 생각하고, 발전, 성장도 없는 삶을 살았을 것이다. 책 쓰기의 기쁨, 어떤 것과도 비교되지 못한다. 글을 쓰면서 나는 확실히 성장했다. 1년 만에 만난 송년 모임에서 확연히 달라진 나의 모습에 사람들이 칭찬했다. 내면의 변화는 외면의 변화를 만든다. 글을 쓰면서 성장은 당연한 결과, 거기에 힐링으로 자유로운 사고자로 점프하는 것이다. 찰나의 순간을 어떻게 살고 싶은지 생각해야 한다. 시간이 없다. 순식간에 지나가는 지금을 잘 잡고 나를 위한 성장의 발걸음을 글 쓰면서 내디뎌보길 꼭 바란다.

성장엔 신체적인 성장과 정신적인 성장으로 나눌 수 있다. 눈에 보이는 성장과 눈에 보이지 않는 성장으로 분류된다. 눈에 보이는 성장은 건강한 신체적인 성장, 육체 활동을 통한 숙련된 결과, 노력을 통한 결과 등 무수히 많다. 신체의 성장을 두고 가치를 논하지 않는다, 정신적인 측면, 가치라는 잣대를 놓게 된다. 몸과 마음의 건강을 위해서 똑같이 영양을 공급해야 한다. 건강한 몸이 건강한 삶을 보장하는 것이다. 건강한 몸이 먼저인가 아니면 건강한 정신이 우선인지 한 번쯤 생각해 볼 문제다. 급변하는 시대를 우리는 살고 있다. 정신, 감정을 담지 않은 로봇의 시대가 도래했다. 머지않아 우리의 생각과 정신에 비중을 두지 않는 삶을 살아야 할지도 모른다. 몸에 건강한 음식으로 채워주듯 우리의 정신에도 건강한 양분을 부어놓아야 한다. 조만간 닥칠 로봇들에게 모든 주도권을 넘길 수 있다. 사람이 건강한 정신을 안고 살 때, 자기 주도적 삶을 스스로 선택하며 살 수 있다.

책을 쓰면 누구라도 성장한다. 당연하다. 글을 쓰는 과정은 자신의 원하는 방향을 생각하며 쓰는 것으로 시선을 높이고 자신에게 각인하고 무의식적인 반복으로 잠재력을 키운다. 커다란 노력을 요구하지 않는 성장프로그램이라 할 수 있다. 단순히 이야기를 늘어놓는 것이 아니다. 내 삶의 귀하고 소중한 한순간을 통해 그 마음이 가진 가치를 생각하게 한다. "그럼, 책을 쓰면 무엇을 깨닫게 될까?" 소중했던 한때, 나와 같은 시공간을 공유했던 사람들의 이야기를 통해 삶을 이해하게 되는 것이다. 그리고, 내 역사의 시작을 통해 끝을 짐작할 수 있다. 나의 자취를 통해 후회하지 않은 일을 하는 것, 소중한 일을 이어나가는 것이다. 의식적인 노력만이 소중한 내 삶을 지켜나갈 수 있다. 소홀히 다룰 것이 아니다. 지금이라는 순간을 순식간에 과거로 넘겨야 한다. 삶을 글로 옮길 때야 평범한 삶은 가치를 더해 특별한 삶으로 발돋움하는 것이다. 일상을 섬세하게 다룰수록 나의 시야는 깊고 넓어진다. 누구나 행복하게 살고 싶어 한다. 마음의 지경을 넓혀야 행복해질 가능성도 커진다. 깊고 넓은 호수에 돌을 던져 보라. 그 돌은 큰 파장 없이 곧바로 물속으로 잠식한다. 사람 마음도 이와 같다. 마음의 그릇을 키워야 한다. 작은 것에 연연해하지 않으며 인생 전체의 윤곽을 그려보자. 저마다 현재의 다양한 삶 속에서 자신의 존재 이유를 생각해야 한다. 과거의 나를 보면서 현재의 글 쓰고 책 쓰는 내 삶이 해답을 찾게 한다. 현재 내가 미래의 나를 결정하는 것이다. 내가 나일 수밖에 없는 이유, 잘 생각해야 한다. 이제부터 어떤 사람으로 살 것인가? 명확한 나를 설정하고 움직이지 않는다면 이전의 나와 같이 어떤 변화도 성장도 기대할 수 없을 것이다. 나는 부모님의 이야기 듣기를 좋아한다. 자녀들은 부모의 삶처럼 특별해진다. 사람의 품격은 하루아침에 만들어지지 않는다. 품위를 지키고 품격이 느껴지는 삶은 2대 3대에 거쳐 거친 돌에서 보석을 다루듯이 끊임없는 노력이 더해져야 가능하다는 것이다. 어떤 것도 그저 주어지는 삶이란 없다는 것을 알게 되었다. 그것이 진리고 순리였다.

공저 책이 들어있는 박스를 택배로 받았다. 출판사에서 보내주었다. 내가 출간한 필사북 공저 《삶이 글이 되고 글이 삶이 된다》 이다. 형광의 주황빛 표지의 책이 가득한 상자를 여는 순간, 심장에서 나는 기분 좋은 두근거림과 막혔던 혈관이 모두 뚫리는 느낌이 들었다. 전율이었다. 기뻤다. 첫 번째 책인 《필사 POWER》를 출간했을 때, 나는 어리둥절했다. 책이 출간된 것 자체로 신기했을 뿐이었다. 글이 온전하지 못했다고 생각했다. 평소 친분이 두터운 분들께 내 사연과 삶이 들어있는 책을 전달하면서도 기쁨을 맘껏 누리지 못했다. 심판대에 서 있는 기분이었다. 다른 사람의 눈을 의식하고 나의 삶을 드러내는 것이 한편으로 불편했다. 왜 그런 생각이 드는지 곱씹어보고 또 생각했다. 내면의 나에게 드는 의문이었다. 성장통이었다. 성장을 하기 위한 움직임이었다. 한 단계를 넘어서기 위한 준비 과정이었다. 첫 번째 출간한 책인 《필사 POWER》는 나에게 그런 책이었다. 그래서 시간이 지날수록 더욱 나 자신에게 귀한 책으로 남았다.

내 삶의 기준은 내가 정하는 것이다. 삶 자체로 가치 있고 소중하다는 것을 두 번째 책을 쓰면서 느꼈다. 무엇보다 내가 해냈다는 기쁨이 있었고 그때야 깨달았다. 나의 내면이 단단해졌다는 것을. 두 번째 책은 어른이 된 나에게 주는 선물처럼 진정한 행복을 맛보았다. 내면의 만족감 가득 찼다. 바로 힐링 그 자체였다. 마음에 품은 이야기를 이제는 제대로 펼칠 수 있는 자격을 나 자신에게 부여했기 때문이다. 나는 많은 부분이 엉뚱하고 느리지만, 끝까지 해내는 끈기를 가진 사람이다. 책 한 권 출간하고 느꼈던 마음도 마찬가지였다. 진짜 마음을 끄집어낼 방법을 터득하지 못해 고민스러웠다. 그래서, 마음껏 기뻐할 수 없었다. 하지만 두 번째 책 《삶이 글이 되고 글이 삶이 된다》를 출간하고 이제는 말할 수 있다. 첫 책의 출간이 진정한 성장을 위한 시발점이 되었다면, 두 번째 책은 힐링 그 자체였고, 삶의 기쁨을 만끽하게 했다. 이제는 나도 쓸 수 있다는 자신감이 생겼다. 나의 이야기에 나다운 언어와 감정을 글로 풀어낼 수 있다. 모든 것이 나를 이루며 나의 삶을 만드는 것이다. 분명한 내 목소리를 담은 이야기에 진정성 있는 마음을 풀어 내가 쓴 글이 나를 지켜줄 것이라 믿는다.

삶을 소중하게 다루는 연습장이 글이고 책을 쓰는 것이었다. 좋은 것을 나누고 각자의 재능을 나눌 때, 우리 사회는 발전한다. 흔들림 없는 자신의 길을 걸어 당당하게 앞으로 나아가자.

글을 쓴다는 것은 나를 성장하게 하는 시간을 나에게 내어주는 것이다. 타인이 아니라 나 자신을 위한 행동이다. 미룰 수 없는 것이다. 당장 시작해 보길 권한다. 글 쓰고 책 쓰는 삶은 어쩌면, 현재의 시간을 잘 사용할 수 있는 가장 쉬운 행동이다. 타인의 삶을 살지 말자. 남을 의식하며 남 기준으로 살아가는 것은 나에게 가장 큰 실수를 하는 것이다. 나는 나를 생각하지 않았다. 나 자신보다는 타인을 중심에 세워두었던 삶이었다. 이 글을 읽고 있는 순간에도 나 같은 실수는 범하지 않길 바란다. 나에게 눈길을 주고 나의 마음에 집중해라. 의식적으로 나를 위해 글을 써야 한다. 인생은 희극보다 비극에 가깝다고 했다. 내 삶을 희극으로 살 것인가?, 비극으로 끝낼 것인가? 는 나의 선택에 달렸다. 나는 희극적인 삶을 선택했다. 글을 쓰는 지금의 삶이 희극적인 삶의 입구를 통과하게 한다. 글 쓰고 성장하고 힐링하면서 내 삶에 눈을 떠야 한다. 출간하고 알게 된 사실 중 으뜸은 바로 삶을 사랑하면서 글을 쓰는 삶을 사는 것이었다. 누군가에게 내 삶의 경험과 나만의 메시지를 글로 써서 나도 성장하고 내 글을 읽는 사람들도 동기부여 받도록 해보자. 또한, 글쓰기, 책 쓰기를 통해, 삶을 사랑하며 삶이 얼마나 귀한지 깨닫기를 희망한다. 인생의 모퉁이마다 숨어 있는 행복, 기쁨, 평화를 만끽하시길 바란다.

4장

특별하지 않은 평범한 나도 책 1권 썼다

–

김경부

나도 작가가 되었다

운명처럼 찾아온 글쓰기, 언제부터일까? 생각해 봤다. 코로나19가 한참일 때 사람들과의 대면이 어려워졌다. '사회적 거리 두기'라는 새로운 용어가 일상이 되면서 자연스럽게 멀어졌다. 그것은 안전을 위해서 그랬다. 일시적일 거라는 기대는 희망 고문처럼 너무 길어졌다. 자연스럽게 벗을 찾게 되었다. 매일 글 친구를 찾았다. 덕분에 글쓰기를 꾸준히 하게 되었다. 하루하루 내게 선물하는 자연을 찾아 바라보며 마음을 달랬다. 블로그에 이미지와 내가 느끼는 생각을 때때로 적었다. 무엇을 적을까 고민하기보다는 내가 잃어버릴 것 같은 감정을 추스르며 기다림에 지쳐갈 때도 글을 적으며 촉촉하게 유지하려고 했다. 너무 재미있었다. 적을 때는 몰랐는데 나중에 내가 쓴 글을 반복해서 읽고 있으면 그 장소 그때의 감정이 떠올랐다. 나도 모르게 정화가 되는 느낌이 들었다. 내가 본 것은 계절에 피어나는 꽃들 그리고 변함없이 작품을 만들어내는 하늘과 내 앞에서 함께 걸어가는 그림자였다. 사시사철 그 자리에 내게 그늘이 되어주는 나무들, 철 따라 곱게 단장하며 시절이 무색하게 화려한 옷을 갈아입고 아름다운 이별을 했다. 뼈처럼 앙상한 가지에 새하얀 눈이 내리는 추운 겨울이 끝나지 않는 혹독한 시절에 마음만은 차가워지지 않기를 바랐다. 따듯한 봄이 찾아와 꽃구경을 신나게 가야 하지만 '폐쇄'라는 단어 앞에서 참아야 했다. 홀로 피어 있는 꽃들을 멀찍이 바라보며 서로의 외로움을 느끼는 순간이기도 했다.

코로나가 지나간 듯할 때, 내게도 변화가 시작되었다. 퇴사했다. 같은 곳에 오래 머물면서 지냈던 울타리를 벗어나자 막막했다. 한없이 내게 주어진 익숙하지 않은 한가로운 시간을 감당하기 힘들었다. 그때쯤 필사를 알게 되었다. 동아줄처럼 잡았던 글쓰기 모임이 내게 행운이 될 줄 몰랐다. 그곳에선 모두 '작가'라고 호칭했다. 지금 막 들어온 내게도 '작가'라고 불러준다. 버거운 호칭이 점점 익숙해지려 할 때 공저에 도전했다. 자판 필사하고부터는 긴 글을 쓰는데 자신감이 생겼다. 한 꼭지 베끼어 쓰고 나면 감상문을 쓸 때 나도 모르게 쓸 내용이 생각이 나면서 2장을 넘길 때도 있었다. 그래서 공저 쓰기에 도전하고 싶은 마음이 생겼다. 처음 긴 글을 쓰려니 막막했다. 흰 용지에 적힌 꼭지 제목의 한 문장을 바라보고 또 바라봤다. 서론에는 어떤 내용을 쓸 것인지 키워드를 적었다. 본론은 사례를 찾았다. 과거의 일도 현재의 일도 모두 생각하고 생각했다. 글을 쓸 개요를 적고 나니 약간의 글을 쓸 용기가 생겼다. 그리고 평소에 봐두었던 카페에 갔다. 그렇게 어렵게 첫 꼭지 글을 완성하고 난 뒤, 얼마나 기뻤는지 모른다.

한 꼭지 글의 힘은 대단했다. 이제 막 한 꼭지 글을 썼을 뿐인데 남은 꼭지를 쓸 가능성이 보였다. 설마설마했지만 마음으론 '할 수 있다!' 하며 나를 응원할 수밖에 없었다. 홀로서기를 할 때쯤에 생각했던 대로 모든 일이 순조롭지 않았다. 바로 시작할 것 같았던 강의도 개설이 되지 않았다. 이쪽저쪽 이력서를 넣고 기다리고 있을 때쯤 마음은 초조해졌다. 하염없이 흐르는 시간이 계획형인 내겐 더욱 참을 수 없는 무력감을 주었다. '내게 새로운 시작은 가능할까! 할 수 있을까!' 누구도 그 고민을 대신해 줄 수 없었다. 모든 것을 처음 시작하는 시점에서 아무것도 보이지 않았다. 희망도 점점 사라져갈 무렵에 한 꼭지 글을 완성한 날은 세상을 다 얻은 느낌이었다. 아기 걸음마 하듯

온 힘을 다해 글을 썼다. 처음 쓴 초고를 다듬으며 느낀다. '내가 쓴 게 맞아?' 하며 스스로 감탄할 때가 있었다. 잠시 누군가 내 손을 빌려 쓰고 간 것 같은 착각이 들 때도 있었다. 그렇게 내게 첫 책이 찾아왔다. 진짜 작가가 되었다.

작가가 된 후에 내가 꾸준히 한 일이 있다. 그것은 작가 의식을 계속 유지하는 것이다. 작가 의식은 작가가 되어도 필요하다. 한 권의 책을 출간하고 그냥 손을 놓은 작가를 많이 봐왔다. 책 출간만이 목적이라면 성공한 셈이다. 하지만 난 책 출간에 목적을 두진 않았다. 글을 쓰는 것이 점점 좋아졌다. 책 출간은 덤으로 내게 오는 서비스 같다. 새로운 글의 소재는 내가 사는 삶에 있다. 내가 만나는 사람들의 대화에서 내게 감동을 주는 말들이 있다. 아주 소소한 이야기라 하더라도 머릿속에서 맴돈다. 그럼, 그것을 가지고 글을 쓴다. 그 말의 의미를 생각하면서 내 생각을 적는다. 결론을 내리기까지 생각을 거듭한다. 생각 정리가 끝나지 않으면 연관된 책을 읽으며 다른 작가의 표현을 찾아본다. 촉이라고 할까? 생각한 부분이 노래에서 드라마에서 만날 때가 있다. 그럼 멍하니 다른 상상을 해본다. 그리고 반드시 글로 남긴다. 내가 표현 못 할 것이 없고 내가 생각하지 못할 것이 없는 작가의 세계가 얼마나 좋은지 모른다. 작가는 그 너머의 생각을 하게 된다. 그만큼 사려가 깊어진다고 할 수 있다. 똑같은 시간 속에서 다른 생각을 하게 된다. 그냥 떠오른다.

　하와이 바다를 물끄러미 보면서 파도 모양이 이상했다. 삼각형 모양의 흰 파도였다. 마치 양팔을 벌리며 헤엄쳐오는 사람 같았다. 가이드를 따라 다녀온 곳, 이주노동자들이 도착했던 배 부두를 보며 마음이 쓰였던 모양이다. 잠시 고달픈 그들의 삶에서 잠시 머물러졌다. 저 멀리 보이는 바다를 보며 두고 온 가족·친지들의 안부를 알 길이 없었던 애타는 심정이 파도가 되었다. 잠깐이라도 헤엄쳐 다녀오고 싶은 마음이 하얀 파도가 꼭 사람이 헤엄치는 것처럼 보이지 않았을까? 하는 생각이 들었다. 관광객이 본 바다는 색이 곱고 넘실대는 파도는 일품이다. 하지만 작가가 바라본 파도는 외로움이었다. 멀리멀리 가서 내 소식을 전해주면 좋겠다는 누군가의 바람처럼 느껴졌다. 망망대해 넓은 바다를 다시는 돌아갈 수 없을 것 같은 내 나라를 그리워하는 한 맺힌 사람들은 고달픈 생활을 유지하면서도 고향 생각에 걱정이 끊이지 않았을 것이다. 그래서 어려운 살림살이에 자금을 모아, 나라를 되찾는데, 앞장섰을 것이다. 작가는 어느새 이주노동자들의 심정이 되어 바다를 보고 있었다. 삶에서 느끼고 바라보는 솔직한 감성이 깊게 남는다. 관광객의 시선이 아닌 글을 쓰는 작가의 심정으로 남다르게 가슴으로 느껴졌다.

　나도 어느새 작가가 되었다. 글을 쓰는 것만으로 행복하다. 글을 쓰면서 나를 찾게 되었다. 글을 쓰면서 삶이 변했다. 서서히 내 생활에서 글쓰기가 차지하는 비중이 아주 커졌다. 작가가 되었기에 작가처럼 생각하고 작가처럼 바라보게 되었다. 글이 머릿속에 떠돌다가 가슴으로 내려와 내 마음의 소리와 합쳐지게 되면서 자연스럽게 손가락이 움직인다. 물론 고스란히 내 의지를 믿지만 내가 생각하는 대로 적어갈 때 진정한 자유가 찾아온다. 작가가 되어서 좋은 점이 그것이다. 자유롭게 표현하는 그것이다. 다른 사람들을 의식하면서 글을 쓰면 이것저것 걸러야 하는 것들이 생긴다. 하지만 내 생각에 충실한 표현들은 남 의식 하지 않고 적어가는 글이다. 스탠드의 불빛을 의지해 노트북을 열면서 글을 쓸 준비를 한다. 창밖은 아직 어두운 새벽이다. 조용하고 침묵이 감도는 그 공기를 마시며 글을 써 내려간다. 작가의 삶이 반복된다. 똑같은 과정은 지나가는 것 같지만 내 의식의 크기는 자라나는 것 같다. 작가가 되어 감사하다. 누군가 불러준 '글쟁이'라는 호칭이 싫지는 않다. 글을 계속 쓰고 있으니 어울리는 말이다. 그래서 더욱 글을 쓰려고 노력하는 것 같다. 작가라는 호칭을 유지하기 위해 나는 매일 글을 쓴다. 매일 밥 먹고 영양분을 주어 건강하게 자라는 것처럼 작가의 삶이 윤택해지려 노력한다. 일상이 되었다. 누구나 글을 쓸 수 있다. 누구나 작가가 될 수 있다. 우리의 이야기는 끝도 없이 만들어지는 삶에 놓여 있다. 그 경험을 글로 쓰기만 하면 누구든 작가가 될 수 있다. 다만 글 쓰는 것을 좋아하고 사랑해야 하는 마음은 기본이다. 그 위에 꾸준함으로 글을 써보자.

특별해야 작가 되는 줄 알았다

겨울의 매력은 눈이다. 밤새 눈이 많이 내렸다. 복잡해질 교통이 걱정되지만, 창밖으로 비친 하얗게 쌓인 눈 세상이 아름다웠다. 가지마다 쌓인 나무를 보며 당장이라도 손에 붓을 들고 그 풍경을 그리고 싶은 마음이 들었다. 가지의 곡선을 그대로 따라 눈이 살포시 내려앉아 하얀 가지를 만들었다. 나무의 마른 가지 위에 추운 겨울 하얀 망토를 둘러준 것처럼 포근해 보였다. 솜털처럼 가볍고 폭신폭신한 눈의 포근함이 나무의 추운 겨울을 토닥여주는 듯하다. 물끄러미 바라보는 나와 시선이 마주친 나무는 무척 아름다웠다. 길 한복판에 우뚝 서 있는 나무가 삐죽이 올라와 2층 카페 창문에 그대로 그림처럼 보여줬다. 한 모금 입에 커피를 머금고 눈이 내리는 풍경을 바라본다. 부드럽게 익숙하진 않지만 들리는 음악 소리가 시간을 보탠다. 나의 겨울 여행을 풍요롭게 해주었다. 특별하지 않아도 눈에 덮인 나무가 전해주는 이야기로 나의 시선은 곧 글감이 되었다. 따듯한 카페 안과 바깥의 차디찬 공기와 하나의 벽을 두고 다른 세상을 만난다. 안과 밖의 차이는 아주 극명했다. 문명의 보호를 받는 나와 자연 그대로의 풍경 속의 나무와 나는 특별하지 않다. 똑같은 시간에 놓여 있는 평범한 존재이다. 그리고 우리는 살아있다. 생명이 있다. 평범하지만 그것이 특별하다. 서로 다르지만 우리는 존재하고 살아있다. 그것이 특별하다.

글을 집중해서 쓰고 싶은 날이 있다. 그땐 카페에 간다. 집에선 이른 새벽이 아니면 잡다한 할 일들로 집중을 방해받는다. 노트북 하나 들고 나서는 길이 왠지 새롭다. 설렜다. 시간을 정해놓고 가는 편이다. 언제까지 글을 쓰고 와야지 생각해 둔다. 그래야 더 집중할 수 있다. 1시간, 2시간 아무리 옆에서 떠들어도 상관없다. 내 글이 쓰이는 순간에는 몰입한다. 글을 정말 쓰고 싶었다. 2주간 집중할 수 없을 정도로 얼굴에 난 알 수 없는 상처가 나를 괴롭혔다. 쓰라리고 통증이 있었다. 집중하면 더 아픈 것 같았다. 눈 옆이어서 그런지 시력도 흐릿해진 느낌이 들었다. 초고 마감날까지 여유가 있었다. 조금 쉬워야 겠다고 생각했다. 이런 경험은 처음이었다. 감기가 심한 경우에도 몽롱한 상태로 글은 썼다. 하지만 이 경우는 달랐다. 집중력이 떨어졌다. 노트북을 열고 흰 종이를 뚫어져라 쳐다봐도 생각이 나지 않았다. 그냥 시간만 보냈다. 시간만 흘렀다. 그럴 바에는 나 자신에게 기다려주자고 생각했다. 기다린 끝에 드디어 상처에 새살이 돋았다. 연한 분홍색의 새살이 그렇게 사랑스러울 수가 없었다. 점점 범위가 넓어지면서 움푹 팬 공간을 점령하듯 호전을 보였다. 왠지 내 기분도 좋아졌다. 눈 옆에 붙여진 스티커 때문에 신경이 많이 쓰였는데 통증 없이 웃을 수 있었다. 이제는 스티커를 붙이지 않고 화장으로 상처를 덮었다. 자국은 남았지만, 이 정도는 정말 괜찮다. 통증 없는 상태가 좋았다. 눈까지 흐릿했던 상태가 좋아졌다. 두 눈이 밝아진 느낌이 들었다. 그 뒤로 글을 써야겠다고 생각했다. 어느새, 창밖의 해가 중간에 있었는데 기울려 비추었다. 3시간이 흘러 미완성된 초고를 마무리하고 있었다.

누구나 경험할 수 있는 경우다. 때론 상처로 기분이 안 좋을 때도 있다. 하지만 끝은 언제나 있다. 마음의 상처에 새살이 돋을 때까지 기다려주며 치료를 해주면 기분 좋은 완쾌를 맛볼 수 있을 것이다. 흔적은 남더라도 괜찮다. 덮고 있는 새살이 있었다. 새 희망처럼 느껴졌다. 그 기다림이 어쩜 길게 느껴질 때가 있었다. 완전히 낫지 않을 것 같은 초조함도 있었다. 하지만 끝은 있었다. 새로운 힘으로 예전의 일상을 다시 찾았다. 돌아갈 수 있다는 것이 꿈만 같았다. 글 쓸 맛이 난다. 그토록 글을 쓰고 싶다고 몇 번씩 생각했지만, 뜻대로 되지 않았다. 하지만 다시 글을 쓰고 있다.

위대한 위인들의 이야기를 들어보면, 시대적인 상황에서 그들은 특별한 업적을 남겼다. 그들을 우리는 '영웅'이라 한다. 대체로 목숨을 바쳐 타인의 이익을 위해 헌신한 사람들이다. 무엇을 발굴하거나 개발한 사람들이다. 그렇게 남들보다 뛰어난 일을 할 때 존경스럽다. 그런 사람들에 관한 책을 쓰고 읽기를 좋아한다. 특별한 사람들에게 관심이 있다. 처음엔 작가는 뛰어난 글재주가 있어야 하는 줄 알았다. 국문과를 나오고 전문가적인 소질을 가진 특별한 사람이 자신의 독특한 글을 써야 한다고 생각했다. 하지만 사람들은 특별한 사람을 좋아하지만, 평범한 일상을 좋아하는 것 같다. 매일 처음 마주하는 낯선 하루를 살아가는 지혜를 배우고 싶어 책을 읽는다. 목표와 꿈을 안고 행동할 때, 어떻게 하면 현명하게 결정할 수 있는지 선택할 때, 책을 읽으며 도움을 받는다. 누군가에게 도움을 주는 것만큼 소중한 것은 없다. 그 도움은 특별한 사람이 아니어도 모두가 똑같이 겪는 일상을 새로운 관점으로 해석하는 능력이 알려준다. 미처 깨닫지 못했던 삶의 지혜는 누구에게든 배울 수 있다.

글을 썼다. 살아가면서 무엇이든 절실하게 내가 해보고 싶은 것이 생겼다. 글을 쓴다는 것은 긴 마라톤과 같다. 목표한 지점을 정해놓고 끊임없이 뛰어야 한다. 나와의 긴 싸움이다. 할 수 있다는 신념으로 나를 일으키며 다독이며 굳은 마음으로 달려야 한다. 멈추지 않고 꾸준하게 하면 결과가 반드시 생긴다. 그 모든 과정을 다 끝마친 사람은 평범하지만, 그때부터 특별해진다. 아무나 쉽게 얻어지는 것이 아니다. 책 한 권이 뚝딱 생기는 것으로 알고 있지만 실상 해보면 알 것이다. 쉽지 않다. 금방이라도 포기하고 싶다. '내가 무슨 책을 쓴다고 이렇게 힘들게 쓴 책을 아무도 안 읽으면 어떡하지? 도움이 될까?' 생각이 들다가도 이내 마음을 고쳐먹는다. 한 명의 독자라도 도움이 된다면 글을 쓰는 이유는 충분했다. 쉽게 얻어지는 것은 세상에 없다. 쉽게 얻어지는 것은 금방 사라진다. 땀이 묻어진 나와의 긴 싸움에서 얻어진 열매는 생김새와 상관없이 귀하다. 간절한 마음으로 글을 쓴다. 생생한 하루에 얻어진 의미들을 글로 표현했다. 그렇지 않으면 그때의 감정과 생각은 그냥 흘러가 버린다. 행동으로 옮기는 선택은 언제나 내 몫이다. 매일 나를 응원하고 건강하게 나를 기다리며 주저하지 않고 글을 쓴다. 특별한 사람은 아니지만 평범한 사람이 용기 내 살아가는 세상 이야기이면 충분하다. 막막하게 시작한 하루가 끝이 나면 모든 것이 감사함으로 마무리된다. 글을 쓰면서 나로 살기 시작했다. 반성과 재조명을 통해 새로운 원동력이 생긴다. 끊임없이 새벽 푸른빛들을 맞이한다. 생각한다. 그리고 감사하며 글을 쓰는 삶이 있어 행복하다.

작가는 사람이다. 누구든 평범한 사람이다. 먹고 자고 일상의 중요한 일들의 균형만 깨져도 건강에 무리가 온다. 잘 지킨다는 것은 기본적인 욕구를 잘 지키는 것이다. 특별한 사람이 별나게 사는 것이 아닌 것 같다. 자신이 찾은 인생을 살아가는 방법으로 살아가면 그것이 특별한 것 같다. 작가는 글로 세상을 본다. 세상을 쓴다. 표현할 수 있는 도구가 글이 된다. 유난히 아침에 새가 지저귀면 그 울음소리가 글이 된다. 꽁꽁 얼어붙은 한강을 보며 글이 된다. 애처로이 달린 나뭇잎 하나를 보며 글이 된다. 모든 시선이 의미가 있다. 우리가 살아가는 일상은 거의 비슷하다. 희로애락 안에 숨겨진 비밀을 꺼내어 글로 승화시킬 수 있는 능력을 갖춘 사람이 작가이다. 바라보는 것이 글이 된다. 때론 말하는 것보다 글을 쓰는 것이 쉬울 때가 있다. 한번 뱉은 말은 담을 수 없지만, 글은 지우면 된다. 다시 쓰면 된다. 되새김질이 가능해서 진중하게 된다. 글을 쓰면서 수양하게 된다. 몸도 마음도 하나

로 일치시키는 힘이 생긴다. 특별해야 작가가 되는 줄 알았다. 하지만

작가가 되면 특별해진다. 분명 평범한 사람을 특별하게 만든다.

내 글이든 남의 글이든 꾸준히 쓰면 출간한다

행복한 날, 면접 보는 날이다. 내 마음을 아는지 첫눈이 왔다. 밤새 내린 눈은 온 세상을 하얗게 덮였다. 가을 단풍이 지기 전 노랑, 주황색, 알록달록한 색이 선명한 그곳에 소복소복 눈들이 쌓였다. 장관이었다. 평소보단 단정하게 차려입고 나선 길에 본 풍경은 아름다웠다. 눈은 펄펄 또 자꾸 내렸다. 하늘과 나무의 색이 온통 하얗게 변했다. 길거리 사람들은 멈추어서 사진을 찍고 있었다. 눈 쌓인 거리를 바라보며 낯선 길을 나섰다. 퇴사 후 훌라 강의를 하고 싶은 곳에 이력서를 보냈었다. 절박하고 간절한 마음을 담아 보냈지만, 초보 강사에게 좀처럼 기회는 오지 않았다. 그리고 2년이란 시간이 흐른 뒤, 뜻밖의 메일이 왔다. 얼마나 감격스러운지 눈을 의심할 정도였다. 그곳이 맞는지 다시 확인했었다. 가고 싶었던 곳이었다. 다행히 모든 과정이 통과되고 수업이 확정되었다. 믿기지 않았다. 수업 첫날 장소에 도착하니, 회원들이 볼 수 있는 프로그램 소개 책자가 있었다. 책자에 훌라 강의 시간표를 확인하고 안도의 숨을 쉬었다. 드디어 내가 원하던 곳에서 훌라 시간을 보낼 수 있다고 생각하니 벅차올랐다. 아담한 카페, 다양한 강의실 시설은 포근했다. 웃음이 가득한 세 분의 담당자를 만나고서야 실감이 났다. 꾸준히 하면 기회가 온다는 사실을 다시 한번 느끼는 순간이었다. 눈이 소복이 쌓여 온 세상을 하얗게 덮은 것처럼 내 마음도 감사와 설렘으로 그 공간을 빠져나왔다.

긴 글을 쓰기 시작한 것은 필사할 때부터이다. 책 한 권을 정해 자판으로 베껴 쓰기를 했다. '이렇게 하면 글을 쓸 수 있다고?' 처음에는 의심했다. 하지만, 자판 필사를 거듭할수록 감상문이 점점 길어졌다. 쓰고 싶은 충동이 일어났다. 나도 모르게 글을 쓰는데 생각이 떠올랐다. 한 꼭지 따라 써보고 감상문을 쓰고 반복된 행동이 이젠 습관이 되었다. 알람으로 깨우지 않고 내 몸에 맡긴 채 새벽에 어김없이 일어나 자판을 두드렸다. 처음에 백지로 시작한 A4 종이가 두 장이 넘어가면서 글이 꽉 차게 채워졌다. 손가락은 빠르게 움직이고 나의 머릿속으로 무수히 많은 생각이 스쳐 지나갔다. 때론 밑줄을 그어가며 책 내용에 빠져들어 가기도 하고 내 생각과 똑같으면 감탄하기도 하며 나의 필사 시간은 나와 글과 깊은 세상으로 빠져들어 갔다. 고요한 독대의 시간을 매일 마주한다. 섬광같이 스쳐 지나간 생각의 끝을 붙잡는다. 내 글을 쓰고 싶은 충동이 일어날 때쯤 다행히 필사가 완성된다. 어떨 땐 글을 쓰고 싶어서 필사할 때도 있다. 남의 글을 쓰다 보면 내 글을 쓰고 싶어지는 것은 당연하다. 하지만 원칙은 필사한 후 글을 쓰자고 결심을 했기 때문에 그 루틴을 고집했다. 뒤죽박죽 하면 틀이 잡히지 않을 것 같았다. 결국, 필사한 책이 10권이 넘어가면서 내 생활 습관이 잡혔다. 매일 2시간의 글 쓰는 시간이 내겐 너무도 자연스러웠다. 내 글만 쓴다면 습관을 만들기 어려웠을 것 같다. 어려운 숙제를 매일 하다 보면 재미를 못 느낄 수 있다. 하지만 몸을 예열하듯 생각과 몸을 부드럽게 필사를 하면서 깨우는 작업을 한다. 작동되는 글 쓰는 감각을 세포마다 깨우고 나면 허기진 배를 채우듯 내 글을 쓰는 시간을 즐기게 된다. 물론 아주 긴 글을 매일 쓰는 것은 아니다. 하지만 한 문단을 써도 글로 표현하는 법을 익숙하게 만드는 일을 나는 매일 하고 있었다.

　책을 쓸 첫 번째 기회가 왔다. 모임에서 공저를 쓴다고 했다. 다른 선배 작가의 책을 보면서 부러워했던 때였다. 실력의 검증을 거치지도 않았는데 왠지 써보고 싶었다. 필사를 2권 정도 했을 무렵이었다. 어디서 생긴 용기인지 몰라도 해보고 싶었다. 남의 글을 베끼는 차원을 떠나 내 글을 써보고 싶었던 것 같다. 남의 글을 매일 쓰고 나니 내 글을 써보고 싶은 마음이 자연스레 들었다. 다른 작가들 틈에 난 처음 글을 쓰는 사람이라는 생각에 위축되기도 했다. '내 글 때문에 책을 망치면 어쩌지!' 잠시 걱정이 되었지만, 무엇이든 처음은 있다고 생각하니 지금 하지 않으면 영영 기회를 놓칠 것 같았다. '일단 써보자.' 마음을 먹었다. 내 글이 쓰레기 같을지라도 내가 전하고자 하는 진심만 있으면 되지 않을까? 정하고 나니 글을 쓸 수 있었다. 첫 꼭지 글을 쓰기 위해 노트북 하나, 핸드폰을 들고 무작정 카페에 갔다. 노트북을 열려고 하니 모든 사람이 나에게 집중하는 느낌이 들었다. 나의 행동을 보고 있을 것 같은 느낌이 들었다. 아무도 내게 눈길을 주는 사람은 없는데 A4 종이 위에 쓰려고 한 글을 보고 있는 느낌이 들었다. 그 찰나를 이겨내고 뚫어지게 쳐다보던 꼭지 제목에서 글감을 찾아내 글을 써 내려갔다. 여러 무리가 왔다 갔다 하는 사이에 나는 드디어 한 꼭지를 완성했다. 시간 가는 줄도 몰랐다. 어느새 글을 썼다. 긴 글을 썼다는 감동은 이루 말할 수 없이 기뻤다. 첫 꼭지를 쓰고 난 후, 다음 꼭지를 쓸 수 있겠다는 자신감이 생겼다. 처음 시작하기가 어렵지 이젠 내 글을 쓰는 행위는 처음 마음처럼 두렵고 조마조마한 느낌은 덜하다. 지금은 섬세한 표현을 하고 싶은 충동이 있다. 한 문장이라도 정성 들여 쓰고 싶다. 내가 느낀 그 순간을 어떻게 하면 잘 표현할 수 있을까 몰입하게 된다. 방법은 역시 솔직함이다. 내 감정에 충실한 표현이 제일 깨끗한 느낌이 든다. 꾸준히 글을 쓰면 선물같이 책이 출간된다. 노트북에 보였던 글이 종이 위의 활자로 내게 왔을 때 무척 낯설었다. 몇 번의 퇴고를 하며 봤던 글이지만 종이 위의 활자로 보일 때 느낌은 하늘과 땅 차이이다. 필사하면서 나도 글을 쓸 수 있겠다는 자신감의 몇 배의 신뢰가 쌓였다. 꾸준히 하니까 이런 결과가 있었다. 나는 더욱 글을 쓰는 매력에 빠졌다. 글을 쓰는 삶을 놓치고 싶지 않았다. 반드시 출간의 목적이 있는 것이 아닌 내 글을 쓸 수 있는 통로를 알게 된 것이다. 그 길에서 나는 계속 걸었다. 때론 멈출 때도 있고 천천히 빠르게 걸을 때도 있지만 모든 나의 행동을 스스로 결정할 수 있었다.

내 글이든 남의 글이든 꾸준히 쓰니까 출간이 되었다. 나는 확신한다. 꾸준히 하는 것에 길이 있다. 속도는 상황에 따라 달라질 수 있다. 하지만 모든 것을 놓는 순간 처음으로 돌아가긴 어렵다. 내가 하고자 하는 무언가를 알고 있다면 실행에 옮기는 선택은 전적으로 내가 결정한다. 물론 누군가의 도움을 받을 수도 있다. 마지못해서 하는 때도 있지만 오래 하지 않는다. 반드시 자기 확신이 필요하다. 글을 쓰는 것은 다른 사람이 개입할 수 없다. 오로지 자기만의 싸움이다. 내 생각을 글로 표현하는 것이기에 대신해줄 수 없다. 창의적인 글은 내가 직접 경험하고 느낀 감정에서 비롯된다. 그것을 표현하는 것은 많은 연습이 필요하다. 투박한 글이라도 계속 끄집어내면 글의 줄기를 따라 계속 떠오른다. 그 연습을 하다 보면 처음보단 수월해진다. 나와의 싸움에서 즐거움이란 양념이 쳐진다. 끝까지 할 수 있는 버티는 힘이 만들어진다. 결국, 달콤한 결과가 온다. 출간!!! 남의 글이든 내 글이든 될 때까지 계속 쓰면 열매가 맺어진다. 참 신기하다. 그 열매는 한 번 맺어지면 계속 함께한다. 계절이 바뀌어도 시간이 흘러도 나와 함께 한다. 내 이름과 함께 있었다. 남들은 쉽게 이루어진 것으로 볼 때도 있다. 결코, 쉬운 작업은 아니다. 돈을 많이 버는 행위도 아니다. 그렇지만 소중한 가치를 어떤 것과 바꿀 수 없다. 꾸준히 하면 된다. 나의 날, 평범한 나의 날들을 글로 남기는 그것만큼 행복한 길은 없을 것이다. 즐기면서 가는 길에서 만난 깨달음이 있어 좋다. 놓치지 않고 글로 표현하는 일들이 있어 감사하다. 무언가 꾸준히 하는 일이 있을 때 절대 포기하지 말기를 바란다. 누가 뭐라 해도 내가 좋으면 된다. 달콤한 열매가 없더라고 낙심하지 말고 나와의 행복한 동행을 살아 가길 바라본다.

네이버에 내 이름이 검색될 때, 황홀했다

내 이름은 '김경부'이다. 예쁜 여자 이름처럼 느껴지지 않는다. 한참 예민한 시절, 여느 곱고 평범한 이름을 가진 아이의 이름이 부러웠다. 이름처럼 산다고 하지 않는가! 내 이름은 조금 투박했다. 약간 남자 이름 같기도 하다. 내 이름에는 사연이 있다. 이것을 이야기하면 다들 오래도록 내 이름을 기억하게 된다고 한다. 내가 태어나는 아침, 단 하나밖에 없는 고속도로가 개통되는 날이라고 했다. 개통식을 하는 그 아침에 내가 태어났다고 한다. 그 의미가 크기에 아빠가 이름을 '서울 경' '부산 부' 경부라고 지어주었다고 했다. 대학 다닐 때 교수님이 내 이름을 듣더니 "경부고속도로처럼 인생이 쭉쭉 뻗어가면 좋겠다” 덕담을 해주었던 기억이 난다. 어쩜 그렇게라도 내 이름에 자부심을 느끼고 싶었을 것이다. 평생 따라다니는 이름은 그렇게 소중했다. 반평생 함께 한 이름이 작가가 되면서 더욱 빛을 발하게 되었다. 평생 내 이름 석 자가 당당하게 쓰이는 때는 그리 많지 않다. 누구의 누구로 감춰졌던 내 이름 석 자가 이제 검색이 되었다. 내 이름이 그토록 멋진 이름인지 미처 몰랐다. 조금 특이하다 보니 다른 사람과 공통으로 겹치지 않는다. 내 이름을 의미 있게 지어준 아빠에게 언제부터인가 감사하게 되었다. 첫째 딸의 이름을 무어라 지어줄까? 고민이 많았을 아빠의 마음을 알 것 같다. 아빠에게 무척 의미 있는 역사적인 사건을 기억하고 싶은 마음에 사랑스러운 딸에게 의미 부여를 해주었을 그 마음을 이제는 알 것 같다.

첫 개인 저서를 내고 광화문 교보문고에 일부러 갔다. 내 책을 구경하기 위해서이다. 서울에서 가장 크다고 하는 그곳을 선택했다. 모든 책이 가득한 그곳에 ‘내 책이 있을까?’ 하는 의구심이 들기도 했다. ‘정말 있을까?’ 두근거리는 마음을 진정하면서 지하철 입구를 빠져나왔다. 그 여느 때와 달랐다. 책을 사러 가는 발걸음과 그 많은 책 중에 내 책이 있을 것이란 막연한 소망을 품고 가는 발걸음은 달랐다. 많은 책 중 ‘내 책은 어디쯤 있을까?’ 금은보석이라도 찾아다니는 광부처럼 돌변했다. 그 넓은 곳을 헤매고 찾기에는 어려움이 있었다. 도서 검색대를 찾았다. 그리고 내 이름 석 자 '김 경부'를 쳤다. 나왔다. 위치 사진을 찍고 코너를 찾아갔다. 조금 멀지 않은 곳에 있었지만, 모든 시간이 아주 천천히 가는 듯했다. 내 책의 위치를 파악하고 움직이는 내 발걸음은 바빠졌다. 그리고 가판대 위에 놓여 있는 책을 발견했다. 다른 책들과 나란히 아주 멋지게 놓여 있었다. '내가 이 책을 쓴 작가예요' 마음으로 소리를 지르고 싶었다. 어느 편엔 '사람들이 알아보면 어떡하지?' 하는 엉뚱한 상상을 했다. 책을 집어 들고 마음 편히 인증사진을 찍기가 부끄러웠다. 약간 그 자리를 멀찌감치 서성이다가 차마 떨어지지 않는 발걸음을 옮겼다.

그림대회에 우승해서 이름 석 자를 귀퉁이에 붙여놓고 전시를 할 때랑 아주 달랐다. 책 한 권에 담긴 수많은 이야기가 한꺼번에 쏟아놓은 듯했다. 묵직한 자리매김 같았다. 다른 책들하고 나란히 놓여 있는 내 책이 그렇게 자랑스러울 수가 없었다. 평소 책은 조금 특별한 사람들만 쓰는 것으로 생각했다. 서점에 있는 책들은 남다른 사람들이 적어놓은 것으로 생각했다. 그중 내가 쓴 책이 놓여 있었다. 숨 막히게 벅찼다. 무언가 인정받은 느낌이 들었다. 무언가 더 열심히 글을 써야겠다고, 잘 살아야겠다고 결심했다. 바로 특별한 사람처럼 느껴졌다. 책 한 권이 그토록 나를 일으켜 세워주고 있었다. 아직도 부족하기 그

지없는 형편없는 글솜씨를 가지고 있지만, 내 책에 대한 자부심만큼은 솟아올랐다. 글을 쓰기 위해 새벽 시간에 나와 독대한 장면이 떠올랐다. 설렘으로 노트북을 열고, 하얀 백지 위에 어떤 글을 쓸까? 구상하며 고심했던 모습도 스쳐 지나갔다. 5장 마지막 꼭지를 다 쓰면서 해냈다는 뿌듯함으로 내게 무한 칭찬을 했던 기억도 떠올랐다. 책 한 권이 나오기까지 쏟아부었던 정성이 한꺼번에 밀려오면서 그 자리에 멋지게 놓여 있는 책은 그냥 평범한 책이 아니었다. 내겐 아주 소중한 어느 한 부분의 인생이 놓여 있는 듯했다. 나만이 간직한 이야기들을 이제 모든 사람에게 공개한 특별한 통로가 된 책이었다.

공저를 썼다. 그런데, 운 좋게 공저를 바탕으로 필사책을 출간하자는 제안을 출판사로부터 받았다. 출간한 필사책에 노트 같은 빈칸이 있었다. 손으로 베껴 쓰기를 하면서, 문장에서 주는 메시지를 발견하며 힘을 얻기에 좋은 책이 될 것 같았다. 필사책에 수록할 글을 선별할 때, 긴 글을 자르고 선별하는 데 조금 어려움이 있었다. 문장들이 다 중요한 것 같았는데, 독자로선 너무 길어지면 손 필사를 하다가 지쳐버릴 것 같았다. 12줄에서 7줄로 더 줄였다. 아니 더 줄여진 문장도 있었다. 그렇게 퇴고를 거듭해서 책이 되었고 예약판매가 진행되었다는 소식을 들었다. 삶이 글이 되고 글이 삶이 되는 그 원리를 충분히 알기에 글 하나하나가 애착이 되는 책이었다. 처음으로 다른 형식으로 나온 책에 대한 반응도 궁금했다. 서점 사이트에 들어가 예약 판매된 책을 검색했다. 검색창에 '김 경부 작가'라고 쳤다. 그랬더니 예약 판매되는 책이 제일 먼저 나오고 그다음 내 책이 줄줄이 보였다. 새로운 기분이 들었다. 어느새 책들이 모였다. 책 내용으로 들어가 보는데 작가소개가 보였다. 맨 위에 사진이 보였다. 훌라 할 때 입는 의상과 꽃을 장식한 모습인 사진 아래 짧은 작가의 소개 글이 있었다. 훌라 하며 글을 쓰는……. 그리고 다시 내 책의 이미지가 꽉 차게 보였다.

'다른 독자들이 봤을 때 어떠했을까?' 생각을 해봤다. '다른 책이 궁금해서 눌러보는 독자도 있겠구나' '그럼 노출이 저절로 되는 효과가 생기겠구나' '여전히 한번 쓴 책들이 돌고 돌겠구나' 책에 책이 연결되는 경우를 나도 많이 경험했었다. 그래서 결국 궁금증이 생겨 파고 파는 경우가 종종 있었다. 작가소개 글 아래 노출된 책들은 하나의 줄기에 연결되었다. 책하나 쓰고 나니 또 다른 내용의 책을 쓰고 싶어졌다. 그리고 글을 썼다. 그렇게 연결되어 책이 연달아 나왔다. 나의 성장기와 같은 책들을 바라보며 주렁주렁 탐스럽게 달린 열매 같았다. 글이 된 메시지는 여전히 내 가슴속에 남겨져 있다. 글이 내 삶을 풍요롭게 만든다. 글이 내 삶을 위로해 준다. 한 걸음 가는 길을 비추어준다. 내 길을 가는 데 힘이 되어준다. 글 따라 사는 나의 길은 어쩜 지름길이 아닐 수 있다. 좁은 길로 가는 길인데도 기쁘게 갈 수 있다. 내가 가는 희망의 끝이 기다리고 있다는 것을 알기에 하루하루의 행복을 감사하며 가고 있다.

내 이름 석 자, 그 의미가 커졌다. 네이버에서 노출되는 내 이름을 볼 때마다 황홀하다. 기쁘다. 이런 경험을 느낄 때마다 나 자신에게 최면을 건다. '잘살아보자! 토닥토닥!' 지금도 잘 살아왔지만, 앞으로도 더 잘살아보자고 다짐한다. 물론 노출이 안 되어도 나는 여전히 글을 쓰고 있었을 것이다. 글을 쓰는 것이 얼마나 이롭고 삶을 풍성하게 하는지 알고 있기 때문이다. 과거 나의 행동, 생각을 반추해 보고 현재를 기획하고 살아가며 미래를 향해 최선을 다하는 자세가 내게 자연스럽게 만들게 하는 이 신비로운 과정을 포기할 수 없다. 나만 혼자 잘 살아가는 것이 아니라 다른 사람들에게 영향을 준다는 것이 신기하고 새롭다. 내가 하는 일들을 나열하며 내가 느꼈던 것들에 대해 진솔하게 적었을 뿐인데 반응이 온다. 처음엔 부끄러웠다. '무엇이 그렇게 책을 쓸 만큼의 위대한 일을 한 것도 아닌데'라는 생각이 들었다. 하지만 내겐 특별했다. 한 번도 경험하지 못한 일들을 해결해 가며 사는 모습이 너무 대견했다. 한 명의 독자라도 도움을 받았으면 하는 생각으로 글을 썼다. 그랬더니 남들이 나를 어떻게 생각할까? 보다는 내 글의 소중함이 더 우선이 되었다. 땀의 결실은 아름답다. 없는 것을 있게 만드는 신비로운 글 쓰는 찰나, 그 보물을 캐내듯 발견하는 순간이 내겐 벅차다. 자신만의 이야기는 누구에게나 있다. 평범하지만 진솔한 살아있는 생생한 그 느낌을 나누는 것이 글이다. 말하는 것처럼 글을 쓰면서 서로 소통하는 글쓰기에 도전해 보시라. 책은 누구나 쓸 수 있는 보물이며 새로운 길을 열어주는 문이 될 것이다. 이름을 걸고 그 문을 열어보자.

평범한 사람이 출간했기에
독자는 더 공감한다

아침에 눈이 떠진다. 알람을 맞추지 않고 내 신체 알람이 울리는 데로 깨어난다. 일찍 잠들건 늦게 자건 상관이 없이 몸의 리듬에 맞추어 깬다. 잠들기 전 하루 일정을 머릿속으로 그려본다. 그럼 내 머리로 이해하고 몸의 세포에 전달이 되는 것 같다. 신기하게 깨어난다. 하루 시작 전 나에게 꼭 필요한 시간이 있다. 허둥지둥 쫓기며 살아가기보단 나의 일상에서 의미 찾기를 시작한다. 선택한 책을 필사한 후 감상문을 쓰는 과정이다. 어떨 때는 이미지를 먼저 만들고 대기하고 있다가 필사를 한 후 감상문을 쓸 때도 있다. 그러니까 글을 쓰기 위해 필사를 하는 셈이다. 운 좋게 나의 이미지와 필사의 문장이 맞으면 표현하고자 하는 마음에 더 색다른 표현을 하게 도와준다. 고요한 새벽, 상상의 시간은 어떤 것과도 바꿀 수 없다. 멈춰버린 것 같고 지나가 버린 추억의 한 장면에서 섬광 같은 빛이 비치는듯하다. 번뜩이는 생각 하나가 하루의 시작 동력을 충전한다. 그런 선물 같은 아침이 쌓여간다. 책상에 앉아 노트북을 여는 그 순간부터 내게 주어진 하루가 시작된다. 현재 하루의 시작에 나는 과거의 나를 찾아 떠나기도 하고 지나온 경험 속에 머물면서 행복과 감사가 겹쳐질 때가 많아졌다. 평범한 사람이 느끼는 하루의 감동을 오래 간직하는 방법이다.

어느 날 전화가 왔다. 예성 사모회 회장이었다. 훌라공연에 대한 소식을 전해 주려 하나 반가운 마음으로 받았다. 안부 전화라고 하기엔 자주 전화를 주고받는 상황은 아니었다. 임원 요청으로 몇 번씩 통화는 한 적이 있었지만, 요리조리 거절하느라 어려웠던 기억이 난다. 내심 미안한 마음도 있었다. 여러 마음으로 전화를 받았다. 이번엔 다른 제안이었다. 마마 클럽 활동을 하고 찬양다을 하는 내게 신문에 넣을 원고를 써달라는 내용이었다. 거의 반강제로 A4 한 장이면 된다고 했다. 원고청탁이었다. 글을 쓰는 것은 어렵지 않을 것 같은데 낯설었다. 한 꼭지 쓰는 것에 익숙해져 있었던 터라 다른 형식의 글을 써야 한다는 것이 고민이었다. 하겠다고 확답하고 생각했다. 무엇을 쓸까?

먼저 이 글을 읽는 독자를 생각했다. 목회자 사모이다. 마마 클럽이 무엇인지 알지 못하는 사람에게 소개하는 글이 필요했다. 내가 활동하면서 느꼈던 점을 쓰면 되겠다고 내용이 정해졌다. 어떤 사례를 쓸까? 도 생각했다. 마침 활동을 하면서 인스타에 올렸고 그때의 느낌까지 적어놨으니 도움이 많이 되었다. 사례가 너무 많았다. 매월 행사했으니 얼마나 많겠는가! 각 교회에서 뜨겁게 기도하고 찬양하던 때가 떠올랐다. 맛나게 먹었던 정성 가득 준비한 식사도 오고 가며 즐겁게 동행했던 찬양단원들의 유쾌한 대화도 많이 생각났다. 그중 가장 인상 깊은 '부산 금식기도회'에 갔었던 때를 적어야겠다고 결심했다. 그리고 글 배열을 어떻게 해야 할지 생각했다. 짧은 글이기에 처음부터 소개가 들어가면 딱딱해질 것 같았다. 사례를 먼저 쓰고 소개를 하고 결론을 지으면 A4 1장 분량은 나올 것 같았다. 글의 짜임새를 정하고 나니 글이 술술 잘 써졌다. 몇 번의 퇴고 작업을 마치고 원고를 무사히 보낼 수 있었다. 내가 경험한 느낌을 글로 적어서 많은 사람이 공감하고 기도하고 싶은 마음이 생긴다면 좋겠다. 특별하지 않지만, 소소한 나만의 느낌을 적어 보는 것도 의미가 있었다.

왜 나에게 이런 기회가 왔을까? 생각해 보았다. 글을 쓰는 작가이기 때문에 부탁하지 않았을까? 하는 느낌이 들었다. 글을 쓰는 사람이기에 부담 없이 글을 써줄 것 같아서일까? 내겐 색다른 경험이 되었다. 글 쓰는 작가가 아니었다면 내 생각을 전달할 기회도 없었을 것 같다. 그리고 쉽게 수락하지도 않았다. 글을 쓰는 두려움이 없으므로 도전해 보자는 마음이 들었다. 물론 어떤 결과물이 나올지 모르지만, 분명히 내겐 새로운 경험이 되었다.

책성원(책 쓰고 성장하고 원하는 삶 살기)에서 줌모임이 있었다. 작가들의 모임이다. 단톡방에선 매일 필사하며 감상문을 쓰고 데일리 필사 인증을 한다. 글로 서로의 안부와 생각을 알고 있다가 만나면 더 반갑다. 캐나다, 대구, 창원, 수원, 서울 지역은 다 달라 온라인 형태가 최적이었다. 아침 7시에 시작한다. 언제나 두 시간을 훌쩍 넘긴다. 책을 쓰기 위한 기초적인 방법을 배우는 시간이다. 한 꼭지 쓰는 법, 퇴고하는 법, 인생 첫 책 쓰려면 어떻게 해야 할까? 주제가 다양하다. 모든 순서는 코치를 맡은 N작가가 진행한다. 책 쓰기에 관한 다양한 질문을 통해 다른 작가의 생각을 듣게 된다. 평범하게 직장 생활하고 아이들을 키우고 주어진 환경에서 최선을 다해 살면서 글을 쓰는 사람들이다. 작가의 고민은 글을 쓰는 것이다. 글을 쓰는 가치를 맛본 작가들의 이야기는 어디에서 들을 수 없다. 공감되는 이야기로 웃고 울며 몰입하게 된다. 다 우리가 사는 세상 이야기이다. 작가의 시선으로 더 자세히 보는 것들을 말하고 사랑하며 글을 쓰는 사람들이다. 우리는 몸이 아프고 마음이 상처받아도 주저앉아 있지 않고 다시 일으켜 세우는 일을 반복하며 살아간다. 누구를 위한 삶이 아니라 나를 사랑하는 방법을 알고 있는 작가들의 수다는 끝없이 이어져 갈 수밖에 없다. 아기의 탄생을 축하하며 아빠가 된 작가의 당찬 결심에 공감해 준다. 또 딸의 결혼을 기다리는 엄마의 마음을 대신 느낀다. 또 다른 작가는 가족 여행을 다녀오며 소중한 가족의 사랑을 말한다. 또 갑자기 쓰러진 남편을 간호하며 병원을 오가는 시간 속에서 깨달았던 것들을 나눈다. 순식간에 상황과 환경이 바뀌어버린 일상을 살아가는 이야기를 듣는다. 작가의 수다가 무르익어 갈 때 개, 고양이, 아이들이 번갈아 가며 화면을 스쳐 지나갈 때도 있었다. 또 다른 방청객들 때문에 웃기도 한다.

우리는 모두 평범한 작가다. 누구나 한 번쯤 경험하게 될 소소한 일상에서 우린 어떤 생각을 하며 살아갈 것인지 간접적으로 배우며 살 수 있다. 위대하고 범접할 수 없는 성공자들의 이야기는 왠지 현실에 와 닿지 않아 거리감이 생긴다. 먼발치에서 쳐다보며 끄덕이게 한다. 교훈은 있지만, 삶에 와닿지는 않는다. 같은 공감 되는 이야기를 들으면 몰입하게 된다. 작가의 이야기는 어떻게 생각하고 살아야 하는지 배우게 된다. 자세를 배우게 된다. 똑같은 경험이 아니더라도 이런 상황에서 작가라면 어떻게 해결할까? 누군가의 인생 책을 들여다보듯

위로가 되고 지혜를 배우게 된다.

　작가는 특별한 사람이 아니다. 평범한 사람이다. 이 사실을 알았기에 책을 쓸 용기를 냈다. 책을 쓸 때 내 책을 누가 읽어 줄까? 하는 생각을 했지만, 독자는 있었다. 나의 경험이 꼭 필요한 사람이 있었다. 평범한 사람이 출간했기에 독자는 더 공감한다. 글쓰기 엄두가 안 나고 망설이는 사람이 있다면 용기를 갖기를 바란다. 소소한 경험으로 한 사람의 인생을 바꾸어놓았다면 값진 일이 아닐 수 없다. 모든 글은 쓰레기처럼 느껴지더라도 그 속에 보석이 숨겨져 있을지 모른다. 그것을 알아채는 사람에게 해갈의 느낌을 줄 수 있었으면 좋겠다. 스스로 한계를 정하지 말고 가능성을 확장해보자. 책을 읽는 독자도 다양하다. 내가 생각한 테두리 밖에서 감동할 수 있다. 책 쓰며 나의 좋은 기운이 닿는 그 순간을 기대하며 글을 쓰는 정성을 모아보자. 분명 좋은 결과가 기다리고 있을 것이다. 그 희망으로 글을 계속 쓰면 된다. 평범한 사람의 이야기를 독자는 더 공감한다. 용기 내서 자신만의 이야기를 써보길 권한다.

어느날 문득, 독자가 메일을 보내왔다

모임에 나가면 내 책을 가져오는 사람이 생겼다. 그리고 사인을 요청한다. 사인펜을 준비해서 오는 고마운 사람이 간혹 있다. 책을 출간하고 난 뒤엔 꼭 사인펜을 가지고 다녀야겠다고 생각한다. 하지만 자꾸 잊어버린다. 그래서 볼펜으로 사인을 할 때가 있다. 똑같은 글씨를 쓰더라도 펜의 감촉에 따라 글맛이 달라진다. 왠지 기분에 따라 한 줄이라도 더 쓰게 된다. 장빗발이 중요하다고 하더니 그 말이 맞는 것 같다. 예쁘게 글을 쓰는 사람이 부럽다. 알고 봤더니 사인도 연습해야 한다고 한다. 책을 읽을 때마다 펼쳐 볼 책의 표지에 정성스럽게 적어진 글을 보며 책에 몰입해서 읽게 되지 않을까 생각이 든다. 그래서 볼펜으로 쓰는 그것보단 인쇄한 느낌처럼 판화를 찍은 느낌처럼 굵은 글씨로 멋진 사인을 해주면 좋겠다. 책을 출간하면 멋진 사인도 준비하고 사인펜도 가지고 다녀야 한다. 책을 읽는 독자를 향한 마음이 언제든 열려있어야 한다. 어디서 어떻게 만날지 모른다. 아직은 아는 지인 정도이다. 사인을 요청하는 정성이 너무 고맙다. 무겁게 들고 오는 그것마저도 고맙다. 아직 유명하지는 않지만 언제든 내 글을 읽는 독자는 있다.

내가 책을 쓰는 이유는 간단하다. 나의 경험을 나누고 도움이 되기를 바라는 마음이었다. 수많은 사람이 살아가는 형태는 다양하다. 위대한 사람들의 아주 특별한 일상도 중요하지만, 평범한 사람이 마주하는 일상에서 마주하는 고비들을 어떻게 해결하며 살아가는지 어떤 마음으로, 어떤 계기로 변화를 시도했는지 똑같은 상황은 아니어도 자세는 배울 수 있지 않을까 생각했다. 끝없이 펼쳐진 인생이라는 길을 가는 동안 책과 동행하다 보면 느껴진다. 새로운 시선을 배우게 된다. 새로운 용기로 마음을 정돈한다. 때론 새로운 시작을 하게 되기도 한다. 독자를 만나는 방법은 다양했다.

첫 번째, 전화가 온다.

어느 날 지하철을 타고 가는데 모르는 전화가 왔다. "훌라댄스 가르치는 선생님이시죠?”“네 맞아요”“저는 대구에 사는데 선생님의 책을 읽고 훌라댄스를 배우고 싶어서요. 연락을 드리게 되었어요” 갑자기 걸려온 전화에 서울과 대구의 거리라는 물리적인 생각만 떠올랐다. 길게 대화하긴 어려운 상황이었다. “아네! 사는 지역이 조금 멀어서 힘들겠는데요”“아 그렇지요” 상대방의 간절한 바람이 전화기 속 음성으로 느껴졌다. 하지만 현실적인 문제가 있어 나도 마음으로 단념했다. 아쉬움을 남기고 통화를 마치고 종착지에 도착해서 걷고 있었다. 문자가 왔다. ‘선생님, 조금 전 상담 전화드렸는데 친절하게 안내해 주셔서 감사합니다. 블로그에서 온라인으로 강습받은 이야기를 보았는데, 혹시 대면과 온라인으로 병행해서 배울 수 있는지 여쭙니다’ 예전 일본 제자와 함께 온라인으로 수업한 것을 블로그에 적었는데 그것을 보고 내게 물어보는 것 같았다. 미처 그 방법을 생각하지 못했다. 못할 이유가 없었다. 너무도 간절한 마음이 느껴졌지만 내 책을 다 읽었다는 이야기에 우선 감동했다. 훌라댄스를 하고자 하는 자세가 너무 좋았기 때문에 생전 처음 보는 회원과 지도해주겠다고 약속했다. 처음 있는 일이 아니기 때문이다. 나의 경우는 훌라댄스에 관한 이야기를 책으로 썼기 때문에 훌라를 배우고 싶은 마음이 드는 것은 당연하다는 생각이 든다. 그리고 내게 온 사람에게 무한 신뢰를 한다. 왠지 잘 가르쳐주고 싶은 마음이 들었다.

두 번째, 메일이 온다.

훌라수업 출강 요청이었다. 장소 이름을 보고 내 눈을 의심했다. 훌라강사가 되어 수업하고 싶은 곳에 이력서를 보냈었다. 몇 년이 지난 후 러브콜이 온 것이다. 그때의 담당자는 아니었다. 내가 보낸 메일을 보고 연락한 것은 아니었을 것이다. 그때의 쓸쓸한 상실감이 느껴지면서 벅찬 희망의 감정이 교차했다. 내가 가고 싶은 곳에 연락이 왔다는 것이 중요했다. '훌라댄스' 검색하면 책 덕분인지 내 이름이 노출된다. 그리고 다양한 활동을 검색한 후에 내게 강의 요청을 했을 것 같다. 일정 조절을 해서라도 꼭 하고 싶어졌다. 수월하게 진행이 되었다. 다행히 마감되었다는 소식과 첫 수업을 가는 설레는 마음이 아직도 생생하다. 책이 출간되고 난 후에 내게 온 행운이다. 하고 싶었지만 할 수 없었는데 책과 더불어 가능해졌다. 책이 연결해준 고마운 통로가 생겼다. 내겐 행운이고 다행이었다.

세 번째, 문자메시지가 온다.

다양한 메시지를 받는다. 책을 읽고 난 후에 용기 내서 훌라 강사에 도전하게 되었다는 내용이다. 훌라를 배워보겠다는 사람이 많아졌다. 또 필사하면서 책 쓰기에 도전하는 사람들도 생겼다. 도전해 보겠다고 용기를 내는 사람들을 보면서 책 쓰기를 참 잘했다고 생각했다. 한 사람이라도 나의 이야기를 듣고 삶의 방향을 조정할 수 있다면 좋겠다고 생각했다. 삶은 생각대로 되지 않는 것이 참 많다. 그런데도 포기하지 말고 주눅 들지 말고 노력하면 된다는 것을 말하고 싶었다. 내가 좋아하는 훌라댄스를 하면서 글을 쓰고 있다. 좋아하는 것이 있다는 것은 그것을 하면서 행복하다는 것이다. 시간 가는 줄 모르고 푹 빠져서 춤을 춘다. 그것을 계속하면 할수록 상상력이 발휘된다. 더 잘하고 싶은 마음이 들어 연구하고 관찰하고 배움의 길을 스스로 찾는다. 배우면서 또 나누어 준다. 그럼 재미있게 더 즐길 수 있다. 책을 쓰는 것도 내가 배운 작은 것을 나누어주고 싶어서 한다. 그럼 좋은 영향력이 나에게 돌아온다. 그것이 선순환된다. 내가 하는 일을 단순히 소개에 그치는 것이 아니라 그것을 통해 내가 느낀 가치와 의미를 소개하면서 더 알게 된다.

어느 날 문득, 내게 온 소식을 통해 난 성장한다. 때론 질문일 수 있고 때론 격려일 수 있다. 혼잣말로 그칠 수 있는 것을 책으로 써서 소리를 냅다 질렀던 사실 앞에 메아리가 되어 다시 내게 온다. '나도 할래요.' '나도 하고 싶어요.' '당신의 몸부림에 그 장단에 용기가 나요.' '당신과 함께 춤을 추고 싶어요.' '나도 작가가 되고 싶어요.' '당신이 알려준 방법대로 도전해 볼게요.' 무수히 많은 메아리가 차곡차곡 쌓인다. 따뜻한 보람이 쌓인다. 내가 하는 일에 자부심이 생긴다. 부끄러운 아주 작은 일 중 나를 가장 행복하게 하는 일을 소개했을 뿐인데 나에게 돌아오는 것은 어마어마한 에너지가 되어 온다. 나 혼자만 간직하고 혼자만 보는 이야기였다면 아무런 영향력을 줄 수 없었을 것 같다. 내 글을 누가 읽는다고 하면서 책 쓰기를 하지 않았다면 아무런 변화도 없었을 것이다. 세상 밖으로 들어내어 알리면서 듣는 사람이 생겼다. 그것이 마음에 찬 사람들은 행동했다. 그 점이 참 신기하다. 흘러갔다. 나의 에너지가 흘러갔다. 부끄러워 꼭꼭 감춘다고 아무런 일도 일어나지 않는다. 내가 말하고 싶은 것을 글로 써서 정리하고 알린다면 그다음에 돌아오는 것들로 더욱 성장하게 될 것이다. 내가 쓴 글은 생생하게 기억한다. 글처럼 살고 싶은 마음이 든다. 글은 어쩜 나도 살리고 다른 사람도 살리는 원리가 듬뿍 담겨 있다. 생생하게 느끼는 감정의 질서를 잡아 글을 쓰다 보면 황홀한 기분이 든다. 그 맛에 글을 쓴다. 멈출 수 없는 생각의 파도가 손가락을 움직이게 한다. 세상 밖으로 나온 활자들이 춤을 춘다. 그 모습을 본 사람들이 손뼉 쳐준다. 그 소리가 들린다. 이 얼마나 행복한 순환인가!

1권 출간이 또 다른 책 쓰기로 연결된다

새해가 밝았다. 한해를 다시 시작하는 시점에서 어떻게 보내야 할지 생각 정리를 해보았다. 나의 생애 최고의 해를 만들기 위해 질문을 했다. '나의 삶에서 내가 맡은 역할은 무엇인가?' 자신의 맡은 역할을 통해 인생을 살펴보면, 삶의 다양한 분야를 하나로 통합하는 현명한 방법을 배울 수 있다. 떠 올려 보니 나에게 숙명같이 주어진 인생 여행에서 역할은 너무 많았다. 딸, 아내, 엄마, 친구 등 가족의 일원으로 정해진 역할이 있다. 그리고 일로서 맡겨진 역할이 있다. 훌라 강사, 작가, 합창 단원으로 내가 역할을 정해서 일정한 시간을 투자해야만 하는 것이 있다. 잘 하기 위해 노력하며 꾸준히 자신을 스스로 잘 돌보아야 한다. 자신의 역할에 따라 무수히 많은 이야기가 있다. 살다 보면 다양한 이야깃거리가 생긴다. 그것을 글감으로 글을 쓰고 싶어지는 마음이 생긴다. 훌라 댄스 하나를 조명해 보면 쓸 내용이 너무 많았다. 훌라를 지도하는 강사에 관한 책을 쓰고 난 후 엄마의 관점으로 책을 이어 썼다. 그리고 회원과의 관계에 관한 다른 책을 썼다.

훌라 댄스하는 작가가 되었다. 훌라 댄스 강사이면서 작가이다. 처음 책을 쓸 때, 사람들은 무엇을 쓸까? 고민을 많이 한다. 나도 그랬다. 책은 쓰고 싶은데 무얼 쓸까? 고민했다. 무언가 사람들에게 인상적인 파란만장하고 극적인 삶을 글로 쓰는 줄 알았다. 하지만 사람들은 뻔한 인생역전의 드라마를 원하는 것보단 그 속에서 얻어진 교훈이 무엇인가에 집중한다. 그 사람이 그 고통 속에서 어떻게 헤쳐 나와 새로운 삶을 어떻게 살게 되었는지 그 과정을 궁금해한다. 그래서 훌라 댄스의 강사가 되기 위해 하나하나 개척하며 걸어가는 작가의 여정을 담아 책을 써보기로 했다. 새로 시작하는 시점의 막막한 감정들을 어떻게 극복했는지 나만의 해법으로 경험한 것들을 나열했다. 특별하고 귀한 글이 되었다. 나만의 색을 찾아서 도전했던 이야기이다. 훌라 강사의 생소한 세계에서 훌라 하며 살아남기 위해 나는 어떤 도전을 했는지 알려주었다. 당찬 도전정신으로 꿈을 현실로 만들어 가는 과정들을 소개했다. 꿈 앞에서 좌절하며 다시 용기 내 시작한 이야기이다. 처음에는 혼자였다. 내가 좋아하는 것을 알리고 싶어서 하는 시작 시점에서 공동체를 만들기까지의 과정을 적었다. 누구든 처음 시작은 있기 마련이다. 그 시작에서 어떤 태도와 마음가짐을 가지느냐에 따라 결과는 달라진다. 새로운 삶을 찾아 고민하는 독자에게 힘이 되고 싶었다. 그 해답을 찾기 위해서 먼저 길을 간 사람의 이야기를 들려주고 싶었다. 혼자가 아니라 모두 그렇게 살았다고 토닥여주고 싶었다. 인생의 전반전을 잘 마무리하고 이제, 인생 후반전을 훌륭히 잘 살아가고 있는 사람의 경험과 방법은 마음을 든든하게 하고 행복감을 느낄 수 있을 것이다.

두 번째 개인 저서를 쓰고 싶어졌다. 글쓰기가 재미있어졌다. 출간의 성취감은 대단했다. 하지만, 쉽지 않은 과정이다. 한 꼭지씩 채워가는 일들은 어려웠다. 출산의 고통을 잊고 다시 아이를 잉태하려고 노력하는 것과 같다. 하지만 출간한 책이 살아서 독자에게 다시 듣는 이야기는 감동을 준다. 생각지도 않은 반응에 사실 출간되기도 전에 글을 또 쓰게 된다. 매일 새로운 나를 만남으로 내가 하고 싶은 것, 내가 되고 싶은 것 등 아주 오래전의 기억을 생각나게 한다. 그것을 알아차리게 되고 그렇게 도와주고 싶은 마음이 든다. 아는 것만으로도 대단한 성과이다. 내가 나의 소원을 이루고 싶은 마음으로 인해 계획이 생긴다. 나에게 실천의 항목이 숙제처럼 생긴다. 내 속에서 열망하는 것을 시작한다. 조금씩 나아가고 있는 낯선 나에게 응원을 아끼지 않는다. 매일 매일 무언가 창조하는 기분과 글을 쓰는 것처럼 내가 그렇게 살고 싶다는 생각이 든다. 글 쓰는 과정에서 나와의 만남이 매일 이루어진다. 내가 스스로 강한 메시지를 준다. 내가 나를 너무 잘 알고 있다. 나다운 강점을 인정하고 발견하고 계발하려고 노력한다. 책을 써야겠다고 결심하는 순간부터 흥분되었다. 첫 번째보다 조금 알 것 같은 기분에 할 수 있다는 자신감이 생긴다. 가치 있게 살아가는 나다운 모습을 상상해 본다. 알 수 없는 누군가에게 새로운 성장에 이바지할 수 있겠다는 생각이 가득 채워졌다. 기쁨과 보람을 느끼는 한 순간, 한순간의 기억을 고스란히 글로 남기고 싶은 열망이 생겼다. 두 번째 저서는 엄마의 인생에 관한 것이다. 훌라를 하면서 나라는 정체성을 찾았다. 누구의 엄마가 아닌 나 자신으로 돌아가고 싶었다. 조금 늦은 감이 있었지만 늦지 않았다는 사실을 깨달았다. 후회 없는 삶을 살아가기 위해 행복한 일을 찾아서 살아보자고 이야기하고 싶었다. 엄마에게 있는 꿈을 당당하게 살아가는 것이 얼마나 중요한지 그리고 그래도 괜찮다는 것도 깨달았다. 자신을 스스로 지키며 살아가는 모습을 자녀들이 더 원하고 있었다는 것을 글을 쓰며 알게 되었다.

세 번째 저서를 쓰고 싶어졌다. 혼자였는데 이제 함께 훌라 하며 변화된 모습을 글로 표현하고 싶었다. 혼자였다면 할 수 없는 일을 함께하면서 춤추는 '생활예술인'이 되어 활동하고 있는 생생한 모습을 표현하고 싶었다. 훌라 하면서 삶을 조명해 보고 훌라의 매력이 무엇인지 자세히 썼다. 책을 쓰면서 그렇게 살아가려고 노력했다. 아직도 진행형이다. 책과 더불어 나는 책을 쓰고 있다. 나의 인생을 글로 표현한다. 훌라를 하면서 거울에 비친 나의 모습은 언제나 웃고 있었다. 춤을 추고 있으면 복잡했던 생각이 어디론가 사라진다. 그 순간만큼은 가사에 집중하며 춤을 춘다. 내 몸에 가득 찼던 부정적인 것들을 비어버리고, 사랑의 감정을 담아 부드러운 동작으로 표현한다. 평안하고 기분 좋은 마음으로 변한다. 글 쓸 때도 마찬가지이다. 글이 곧 나의 거울이다. 글 속에 비친 나의 모습과 글처럼 살아가려는 나의 모습은 언제나 웃고 있다. 씩씩하게 당당하게 하루를 쓰고 있다. 글 속에 나는 행복한 표정을 하고 있다. 글을 쓰다 보면 복잡했던 마음이 어디론가 사라진다. 어디엔가 숨어 있던 용기가 뛰어나오기도 하고 알 수 없는 의미를 찾아내면 속으로 흐뭇해한다. 나를 살리고 나를 웃게 만든다. 훌라 하면서 작가가 되어 몸으로 표현하고 글로 세밀한 느낌을 되살리고 있다. 그 어떤 것과도 바꿀 수 없다. 내게 안성맞춤인

생활이다. 아름다운 영감이 계속 떠오른다. 샘솟듯 쓰고 싶은 줄거리가 계속 생긴다. 행복하다. 내가 찾은 최고의 선물 훌라댄스를 하면서 발견한 즐거움, 기쁨, 만족함을 고스란히 글로 남기게 되어 다행이다. 감사하다. 한 번뿐인 인생에 가슴 뛰는 일을 찾았고 춤을 추어야 하는 이유를 알았기에 기적 같은 하루하루를 살게 된다. 글을 쓰며 그 의미를 되새기니 행복하다.

누구나 자신의 정체성을 찾고 싶어서 한다. '나는 누구인가? 이 세상에 태어나 나는 무얼 하며 살아가야 할까?' 한 번쯤 이런 생각을 한다. 내가 나를 사랑하는 방법은 다른 것이 없다. 표현하는 것이다. 가슴에 있는 이야기를 표현하는 것이다. 살아가면서 뒤범벅이 되어 있는 이야기를 순리대로 풀어 가는 것이 글쓰기이다. 흘러가는 시간 속에 갇혀있지 말고 하나씩 꺼내보자. 나의 이야기들을 새로운 관점으로 바라보면 달리 보인다. 새롭게 다가오는 희망을 의식하자. 눈을 뜨고 가슴으로 받아들인 이야기를 써보자. 사람이 살아가면서 수없이 많은 일이 왜 없겠는가 그 이야기를 쓰면 된다. 그래서 점점 인생은 아름다워진다.

지금은 책 부자가 되었다

내가 글을 쓰는 이유는 하루가 너무 소중해졌기 때문이다. 내가 경험한 하루를 돌아보면서 그 안에 숨겨진 의미를 찾고 나면 그 안에 내가 살아온 날들이 참 아름다웠다. 감사했다. 그 힘으로 다음 하루를 살고 또 살았다. 연극을 보러 오랜만에 대학로에 갔다. 이른 아침 줄 서 있는 사람들이 극장 앞에서 서성거렸다. 날이 제법 쌀쌀한 겨울 날씨에 입장하려면 20분 정도 기다려야 했다. 여느 때 같으면 기다릴 법도 한데 그날따라 한기가 느껴졌다. 근처 카페에서 커피를 마셨다. 책을 읽으며 잠시의 여유를 즐기는 그때가 참 좋았다. 낭만의 거리, 한복판에서 연극관람을 기다리며 커피 한 잔의 여유라 내게 주고 싶은 하루였다. 연극은 웃기도 하고 울기도 하고 배우들의 연기에 폭 빠져 시간 가는 줄 몰랐다. 소극장의 매력은 가까이서 볼 수 있다는 것이다. 표정, 심지어 눈빛도 볼 수 있다. 그래서 이야기로 진행하더라도 몰입감이 최고다. 연극은 무대, 배우, 관객이 있어야 한다. 관객의 반응에 따라 배우들의 연기력이 달라질 것 같다. 꽉 찬 관객의 박수 소리에 힘을 얻어 신명 나는 연기를 펼칠 수 있다. 우리가 살아가는 일상이 무대라면 내게 손뼉 치며 잘한다고 호응해 주는 사람은 누구이고 내가 살아가면서 즐겁고 행복하게 살아갈 수 있는 것이 무엇 때문일까를 생각해 봤다.

책성원(책 쓰고 성장하고 원하는 삶 살기) 대면 모임이 있는 날이다. 두 주에 한 번씩 온라인으로 만났다. 그런데 이번에는 오프라인으로 모이는 날이다. 캐나다, 대구, 창원, 연천, 수원, 고양, 서울 등 모두 사는 장소가 달라서 모두 모이는 것은 꿈과 같은 일이었다. 그날따라 저녁에 눈이 와서 길이 미끄러웠다. 하지만 궂은 날씨에도 아랑곳하지 않고 속속 모였다. 온라인으로만 보다가 실제 얼굴을 보니 더욱 반가웠다. 한참 식사를 하며 이야기하고 있는데 대구에서 온 작가가 큰 가방에서 주섬주섬 무얼 꺼냈다. 책이었다. 책성원 작가의 책을 꺼내며 사인해달라고 했다. 내 책도 있었다. 갑자기 사인회가 되었다. 여기저기 흩어져서 책을 펼치며 글을 쓰기 시작했다. 감동이었다. 그 정성이 마음으로 느껴져 글을 꾹꾹 눌러가며 쓰게 되었다. 책을 장의자에 줄 세우듯 펼치니 두 줄로 쌓이게 되었다. 이렇게나 많은 책이 출간되었구나! 감탄이 나왔다. 서로 내년도 계획을 이야기하게 되었다. 내 순서가 되었다. "23년, 24년도처럼 25년도에도 작가의 삶을 살 거예요. 매일 아침 2시간 루틴처럼 정해진 시간에 글을 쓸 겁니다." "책 쓰기는 내 삶의 현재진행형입니다. 첫 번째 개인 저서 《나는 훌라댄스 강사입니다》 훌라 강사로 확고하게 살아갈 수 있도록 도와주었어요" "두 번째 개인 저서 《훌라댄스 엄마의 인생》 내 삶을 살아가는데, 가장 중요한 일을 하기 위해 밥하고 빨래하고 청소하는데 자유로울 수 있었어요" "세 번째 개인 저서 《내 인생 훌라 꽃이 피었습니다》, 이 책 덕분에 나 혼자가 아닌 함께 춤을 추게 되었어요" 하며 나의 포부를 작가들 앞에서 이야기하는 내내 자연스러웠다. 왜냐하면, 모든 것을 이해하고 있는 사람들 앞이었기 때문이다. 책이 곧 삶이라는 것을 몸으로 느끼고 있으므로 내가 무슨 소리를 하더라도 공감대가 만들어졌다.

글을 쓰길 참 잘했다는 생각이 든다. 만약 내가 글을 쓰지 않았다면 그냥 열심히만 살았을 것이다. 계획표대로 최선을 다해 살았을 것 같다. 예전에 살았던 것처럼 말이다. 하지만 지금은 달라졌다. 글을 쓰면서 쉼표가 생겼다. 때론 마침표도 과감하게 찍을 수 있는 용기가 생겼다. 글을 쓰면서 내 삶을 멀리서 관망하게 된다. 내가 그 안에 있으면 알 수 없는 것들도 먼 시야로 보니 보였다. 속상한 일도 재해석할 힘이 생겼다. 좀 더 긍정적으로 볼 수 있는 마음으로 변했다. 그럼 저절로 풀어지는 경험을 했다. 해결할 수 없는 일에 연연해서 모든 에너지를 쓰는 것보단 근본적으로 내가 해결할 수 있는 것부터 방법을 찾아갈 수 있었다. 때론 그것이 그렇게 쉽지 않은 일이란 걸 알지만 마음을 어디에 두어야 현명한지는 구별할 수 있게 되었다. 글을 쓰면서 많은 연습을 한 것 같다.

책성원 모임을 마치고 집에 돌아와 보니 큰 상자가 집 앞에 있었다. 마치 기다렸다는 듯이 성큼 가지고 들어가 열어봤다. 출간된 필사책 《삶이 글이 되고 글이 삶이 된다》 이었다. 내겐 보너스 같은 책이다. 하루 한 장씩 필사하기 위해 만들어진 책인데 뜻밖에 제작이 되었기 때문이다. 내가 쓴 원고는 모두 7권이 계약되었는데, 5번째 출간되어 두착한 책이다. 12월 21에 도착하여서 크리스마스 선물 같았다. 주황색 표지 위에 하얀 글씨가 적힌 책은 마치, 탐스럽게 익은 감 같았다. 값진 열매로 맺어진 책이 내게 도착하였다. 이 기분을 그냥 보낼 수 없었다. 상자에 있는 책을 탁자 위에 올려놓고 산타 머리띠로 장식하고 인증사진을 찍었다. 기뺐다. 책이 도착할 때마다 감격이다. 내 글이 내게만 떠돌아다니던 글이 이제 세상으로 항해를 시작하게 되었다. 누군가의 마음에 정착하면서 평안과 용기를 주었으면 좋겠다. 잠시 힘들었던 일들도 해결할 방법을 찾아가고, 스스로 혼자 힘으로 일어나서 당당하게 살아가면 좋겠다. 나도 책에 힘을 빌려 지혜를 깨달을 때가 많다. 이상하게 마치 내게 이야기하는 것처럼 느껴질 때도 있었다. 책의 힘은 그래서 위대하다. 이번 필사책은 손으로 필사하면서 천천히 음미해 가며 읽고 쓰다 보면 알게 되는 것이 있을 것이다.

책이 출간될 때마다 '내게 그렇게 쓸 이야기가 많았던가?'라는 생각이 든다. 이상하게 멋진 글감을 위해 글쓰기 경험을 일부러 하는 때도 있다. 삶에 대한 도전이 겁나지 않는다. 실패해도 사례이고 글감이 되기 때문이다. 성공하는 과정은 책을 내는 과정과 같다. 흰 종이 위에 무엇을 적을까 구상하는 순간부터 내 머릿속의 가동된 상상력은 나래를 펼친다. 과거에도 갔다 오고 현재에도 글감을 수도 없이 생각한다. 그렇게 잡힌 실마리로 종이 위에는 글들이 줄을 선다. 빼곡히 들어선 글들의 줄을 보며 또 한 번의 뿌듯함이 밀려온다. 그것도 잠시 퇴고할 때면 날카로워진다. 실수가 용납될 수 없는 뾰족한 순간이기 때문이다. 다듬고 다듬어 이것이 내게 감동을 주는 순간에 슬쩍 떠나보낼 준비를 한다. 그리고 기분 좋게 돌아오는 출판사 계약, 정말 오랜 기다림 끝의 단비 같은 소식이다. 그리고 출산을 기다리는 엄마의 심정으로 기다리다 보면 세상 밖으로 책이 나온다. 누군가의 평가는 두렵지 않다. 내 책이기 때문이다. 소중한 하나밖에 없는 책이기 때문이다.

지금은 책 부자가 되었다. 진짜 부자는 유난스럽지 않다. 그냥 생활이기 때문이다. 그냥 삶이기 때문이다. 내게도 책 부자가 되었다고 달라질 것이 없다. 진짜 부자가 되기 위해 노력해야 할 것이 있다. 그 부를 유지하는 것이다. 유별나게 욕심내서 할 수도 없는 걸음을 걷기 위해 다른 사람을 볼 필요가 없다. 내 걸음으로 내 보폭으로 꾸준히 걸어갈 준비가 되어있다. 진짜 작가는 반짝 책 한 권으로 끝내는 사람이 아닌 꾸준히 글을 쓰며 사는 사람이라 생각한다. 글과 삶의 조화로운 일상이 너무도 값지다. 내가 바라보는 살아가는 일상이 달라 보인다. 또 다른 세상의 색이 내 눈에 덮여있는 느낌이 든다. 진짜 내가 좋아하는 일을 하며 사는 삶이란 행복하다. 그 감정을 글로 적었을 때의 감동은 세밀하다. 오래오래 간직할 수 있다. 지금 내가 글을 쓰고 있는 것처럼 시간이 흘러 내가 쓴 글을 읽었을 때 그때의 느낌이 살아있을 것이다. 책 부자는 누구든 될 수 있다. 책 쓰기의 매력은 날마다 새롭게 살 수 있다. 똑같은 일상도 매일 다르게 볼 수 있는 눈이 생기기 때문이다. 보고 들은 것이 마음으로 다가가면서 글의 감동은 더해질 수 있다. 마음으로 써진 글은 오랜 여운을 남긴다. 살면서 그런 일들이 매일 생긴다고 상상해보자. 글을 쓰면 그런 일들이 무수히 많아진다. 글을 쓰고 싶어져서 기다릴 틈도 없어질 때가 있다. 번뜩이는 아이디어를 적는 것은 내 일상이 되었다. 책 부자가 된 나의 밑거름은 아름답고 찬란한 매일 매일의 나의 삶이었다. 내가 만난 사람들과의 이야기, 보고 느낀 모든 것들이 있는 한 나는 계속 글을 쓸 것이다. 그것은 나의 가슴 뛰는 행복한 운명이다.

1권 출간을 계기로 멋진 삶을 살아라

살다 보면 좋은 날도 있고 궂은 날도 있게 마련이다. 사람들은 좋은 날만 있기를 기대하지만 그런 일은 있을 수 없다. 모든 것이 생각대로 되지 않는다. 고통의 경험은 누구에게나 있다. 나쁜 경험을 하면서 즐거워하는 사람은 없다. 그러나 그 경험을 잘 대처했을 때 나중에 돌이켜보면서 기분 좋은 이야깃거리가 될 수 있다. 고생이 없으면 발전도 없다. 어려운 순간에도 얻을 수 있다고 믿고 시련에 맞서는 사람만 교훈을 얻는다. 세월에서 견디며 살아온 과정은 나를 성장하게 했다. 얼마 전 30년 전 춤추는 나의 모습과 현재 나의 모습을 한 화면에 겹쳐보았다. 종로 어느 웨딩숍에서 맞추었던 연옥색 레이스 장식이 화려한 드레스를 입고 두 손을 높이 올렸다 내리는 모습이었다. 얼굴에 풋

풋한 살이 오른 20대의 모습은 생기가 있었다. 사회초년생이고 고생이라는 것은 그리 경험하지 않았기 때문에 순수한 얼굴이었다. 반면 다른 장르의 춤을 추고 있는 사진의 모습이다. 한쪽 팔이 훤히 보이는 몸의 라인이 보이는 벨벳 드레스를 입었다. 양손을 똑같이 올리고 있었다. 촉촉한 피부의 탄력은 없어 보이지만 눈의 시선만큼은 그윽하고 깊어 보였다. 어릴 때의 나와 대조적으로 30년이란 세월에서 무수히 많은 고생이 쌓여있는 나의 모습은 너무도 당당했다. 단단한 느낌이 들었다. 앞으로 30년 뒤의 내 모습은 어떨까? 상상해 보았다.

훌라댄스를 시작하게 된 계기가 있었다. 우연히 봤던 유튜브 영상이다. 흰옷을 입고 머리에 화관을 쓰고 있었다. 아주 낮은 자세로 계속 무릎을 굽혀서 손과 몸을 움직였다. 노랫말과 일체가 된 듯 부드럽게 움직였다. 순간 매료되었다. '저 춤이 뭐지?' 훌라 워십 (Hula Worship)을 알게 되었다. 배우고 싶었다. 몇 년 후 드디어 배우게 되었다. 하와이 춤 훌라댄스를 우선 배우고 그다음 훌라 워십을 배워야겠다고 결심했다. 춤의 기본을 배우고 난 후 오래도록 나의 춤으로 만들고 싶었다. 그 바람은 이루어졌다. 이제 훌라 워십을 창작하고 가르치는 강사가 되었다. 얼마 전 제자들과 모여 함께 수업하게 되었다. 일본, 안양, 서울, 대구 서로 다른 지역에서 살고 있다. 이들도 내가 영상을 보고 훌라를 배운 것처럼 나의 영상을 보고 연락이 와서 직접 지도하게 되었다. 누군가에게 인생 춤인 훌라를 지도할 수 있어 기뻤다. 마치 철이 자석에 이끌려 온 것처럼 보이지 않는 이끌림이 서로에게 있지 않았을까 생각이 든다. 어느 날 걸려온 전화 한 통화, "김 경부 강사님이시죠 훌라 워십을 배우고 싶어서 연락드렸어요" 어느 날 도착한 문자 하나, '선생님, 훌라 워십을 배우고 싶어요' 그렇게 일본, 안양, 대구 제자가 생겼다.

사람들은 한 번도 해보지 않은 일을 할 때 두려움을 느낀다. 당연하다. 막연하고 손에 잡히지 않는다. 막막한 일이다. 누군가에게 물어보고 싶지만, 어디에다 어떻게 질문해야 할지 몰랐다. 그냥 부딪치면서 기다리고 해결했다. 서서히 길이 열리는 듯했다. 그 두려움을 즐거움으로, 할 수 있다는 용기로, 내게 응원하며 지냈다. 그리고 나와 같이 처음 시작한 사람들에게 방법을 알려주고 싶어졌다. 그리고 책을 내야겠다고 생각했다. '나는 훌라댄스 강사입니다' 책을 썼다. 내가 경험했던 고생이 살아있는 증인이 되어 책으로 쓰인다는 것이 신기했다. 시간이 지난 후, 지금 그때 일을 상상하며 글을 쓰라고 하면 한 권의 책을 쓰진 못했을 것 같다. 글을 쓸 때가 있는 것 같다. 생생하고 절절했던 심정을 표현하는 데 한계가 있었을 것 같다. 하지만 그때는 바로 경험한 직후라 누군가에게 들려주고 싶은 이야기가 많았다. 나의 작은 모험담이 자랑거리가 되었다. '나도 했는데 되었어! 지푸라기라도 잡는 심정으로 한번 해봐!' '포기하지 말고 가능한 일들이 생길 거라는 희망을 안고 가만히 있지 말고 찾아봐!' 누군가에게 계속 이야기해 주고 싶었다. 그 마음이 가슴에 꽉 찬 울림이 될 때 글이 써졌다.

　글을 쓰게 된 계기가 있었다. 퇴사 후 얼마 되지 않았을 때 필사 모임 공고를 보았다. 관심이 생겼고 신청했다. 책 한 권을 선택하고 필사하는 방법을 소개해 주었다. 손으로 쓰는 필사를 생각했는데 자판 필사를 하라고 했다. 그땐 노트북이 없었다. 하고 싶은 마음이 들어 아이패드에 키보드를 연결해서 메모 칸에 입력했다. 베껴 쓰듯 키보드로 따라 썼는데 긴 글로 감상문을 쓰고 싶어졌다. 마치 작가가 된 듯 했다. 코치를 해주었던 선생님과 대화했는데 책 한 권 쓰겠다는 목표로 루틴을 만들라고 했다. 번득였다. 버킷리스트로 적어두었던 리스트에 '작가'가 있었다. 꼭 이루고 싶은 소망이 생겼다. 매일 매일 빠짐없이 글을 베꼈고 내 글을 써서 카페에 인증했다. 책 2권을 필사했다. 점점 글 쓰는 재미가 느낄 때 N 작가를 소개받았다. 나에게 행운의 순간이었다. 내가 매일 베끼어 썼던 책의 작가를 만났을 때 꿈만 같았다. 존경의 마음이 가득하면서 모임에 참석했다. 나를 '작가'라고 불러주었다. 그렇게 불러줄 때 너무 부끄러웠다. 진짜 작가가 되기 위해 책을 써야겠다고 다짐했다. 책을 쓰는 과정은 혼자만의 외로운 긴 과정이다. 누가 대신해서 써주는 것이 아니다. 하지만 어떻게 어디로 뛰어야 하는지 알고 있으니 다행이었다. 내 호흡대로 글을 쓰면 되었다. 멈출 수 없는 나의 레이스를 선택했고 그 길을 가고 있었다. 드디어 첫 책이 출간되었다. 경험이 있는 작가와 함께 공저로 출발했다. 처음으로 6꼭지를 쓰기 위해 얼마나 애를 썼는지 모른다. 과거와 현재를 거스르며 사례를 찾고 찾았다. 메시지를 찾는 방법도 몰랐다. A4 2장을 채우려고 노력했을 뿐이다. 손가락이 움직이는 대로 글로 채웠다. 결과물이 나왔을 때 이름뿐이었던 '작가'라는 타이틀이 확실해지면서 반짝반짝 빛이 났다.

진짜 작가가 되었다. 그때부터 나의 일상에 작가의 삶이 꽉 들어왔다. 글을 쓰면 돈을 버는 줄 아는 사람이 있다. 얼마 벌었느냐는 이야기를 종종 듣는다. 베스트 셀러가 되면 돈을 벌 수 있지만, 지금은 아니라고 이야기하곤 한다. 돈 버는 것이 목적이 아니라 글 쓰는 행위가 그저 좋았다. 대가가 지급되지 않더라고 값진 것이 있다. 꼭 눈에 보이는 대가보다 더 보람된 에너지를 매일 충전하게 된다. 그래서 더 좋은 것으로 이미 지급이 되었다. 내 삶으로 보답이 되었다. 그것을 증명하듯 살고 있다.

경험해 본 사람만이 느낄 수 있는 뿌듯함이 있다. 책을 써본 사람하고 아닌 사람하고 다르다. 매일 아침 2시간 동안 다른 세상에서 난 상상한다. 흰 종이 위에 글을 채우면서 나의 일상을 점검해 본다. 그리고 감사하는 마음이 든다. 글을 쓰다 보면 긍정적인 사람이 된다. 모든 내가 경험하는 좋은 일은 극대화해 의미를 찾고 고통스러운 상황에서는 내게 어떤 메시지를 줄 것인가를 해석해 본다. 작가의 마음으로 내 삶을 조명해 보면 좁혀진다. 넓게 퍼져있었던 흐릿한 일상이 뚜렷해진다. 책 출간으로 작가가 되었고 다른 삶을 살고 있다. 멋진 삶이다. 작가의 삶은 아침에 해가 뜨고 해가 질 때까지 쭉 유지된다. 감사의 마음으로 하루를 열고 내일의 희망을 담고 마무리를 한다. 어김없이 밝은 날들이 찾아온다. 흐리고 어두운 날들도 내겐 소중한 날이 된다. 모든 것이 글감이 되었다. 살아있는 증거 산물이 되었다. 선물 같은 하루를 찾았다. 글을 쓰는 멋진 삶으로 만들어 가는 하루하루가 행복이다. 글 쓰는 행복을 느끼고 싶다면 하루에 글 쓰는 삶을 만들어 보길 바란다. 글 쓰는 루틴, 바로 한 권의 책을 쓰는 큰 원동력이 될 것이다. 한 권의 책 출간을 계기로 더욱 멋진 삶을 살아보길 바란다.